名师名校名校长书系

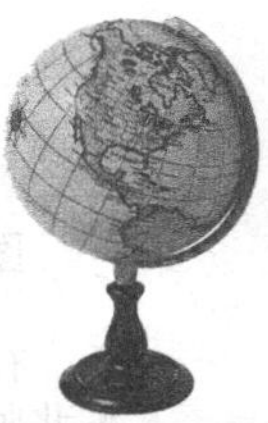

初中地理教师培训研究

任黎娜/主编

东北师范大学出版社
长春

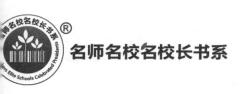

图书在版编目（CIP）数据

初中地理教师培训研究 / 任黎娜主编. — 长春：东北师范大学出版社，2019.1
ISBN 978-7-5681-5386-7

Ⅰ. ①初… Ⅱ. ①任… Ⅲ. ①中学地理课—师资培训—研究 Ⅳ. ①G633.553

中国版本图书馆CIP数据核字（2019）第014935号

□策划创意：刘　鹏
□责任编辑：何　宁　沈　佳　□封面设计：姜　龙
□责任校对：刘彦妮　张小娅　□责任印制：张允豪

东北师范大学出版社出版发行
长春净月经济开发区金宝街 118 号（邮政编码：130117）
电话：0431-84568033
网址：http：//www.nenup.com
北京言之凿文化发展有限公司设计部制版
廊坊市金朗印刷有限公司印装
廊坊市广阳区廊万路 18 号（邮编：065000）
2022年6月第1版　2022年6月第1次印刷
幅面尺寸：170mm × 240mm　印张：15.5　字数：300千

定价：45.00元

目录 CONTENTS

第一篇　名师工作室界定

第二篇　名师工作室建设

第三篇　名师工作室管理

第四篇　课例展示

第五篇　名师工作室品牌建立

第一篇

名师工作室界定

名师工作室建设背景与现状

名师工作室兴起于我国基础教育新课程改革的前期，是从科技界和文艺界的“工作室”体制中获得启发而应用于教育事业之中的，是一种基于教师自我成长的新型研修方式，因此也被广大一线教师形象地称为“草根式”教研。尽管是“草根式”教研，但是基于名师工作室的研修，不仅搭建了名师领衔带动当地骨干教师专业成长的平台，使优质教师资源得到辐射，而且从一定层面促进了教学改革，使教育得到均衡发展，并逐步推动教师个体专业发展向教师群体专业发展的转变。

一、名师工作室建设背景与现状

名师工作室是由教师组成的专业学习和发展的共同体。广东省中小学名教师工作室是由广东省教育厅批准和挂牌，以工作室主持人的姓名命名，集教学、科研、培训等职能于一体的教师合作学习共同体，是优秀教师的孵化器、名师展示自己的舞台，也是合作学习、分享资源的平台。

广东省名教师工作室始建于2010年。在新教材改革的大背景下，国家越来越重视教师队伍建设，“国培计划”开始启动。在这个背景下，广东初建97个教师工作室。随着教师培训焕发出新的生命力，教师培训得到空前重视，培训规模急剧扩张。2012年，广东省再建212个省级名教师工作室，并于2012—2013年，2014—2015年共完成4 000名省级骨干教师的跟岗培训任务。2015年，广东省再建204个省级名教师工作室，2018年扩建至439个，地区分布趋向平衡。同时教师培训开始转型，从规模扩张转向质量提高，从线下培训转向线上线下齐头并进。

二、名师工作室的工作目标

在2018年教师培训转型的背景下，广东省名教师工作室的目标定位为：

（1）实现“骨干教师成名，名教师成家”的双重目标。

（2）发挥名教师在教师培训中的示范和引领作用，推动骨干教师队伍的成长，形成名师效应和品牌。

（3）打造广东省中小学教师标志性和示范性的领军团队，带动广东省中小学教师队伍整体素质和水平的提升。

工作室的任务分为5个阶段：专业引领、教育研究、提炼成果、形成品牌、示范辐射。

在名教师工作室建设的预期效果上，则要达成3个目标：

（1）工作室主持人自己成为国内或省内有影响力的教育专家。

（2）学员成为名教师。

（3）学员成立自己的工作室。

参考文献

［1］陈志其. 名师工作室研修模式及其改进策略研究［D］. 兰州：西北师范大学，2014.

［2］胡继飞. 中小学名师工作室建设的问题与建议［J］. 基础教育，2012（2）：48–51.

［3］桑志军. 广东省名师工作室制度实施中要注意的几个问题［J］. 广东教育，2011（4）：51–53.

任黎娜教师工作室建设背景

——前进中的茂名市行知中学

茂名市行知中学位于茂名市官山一路北二巷，创办于1990年，原名“茂名石化第五中学”，2003年移交茂名市政府管理，更名为“茂名市第二十中学”，2016年更名为茂名市行知中学。学校先后被评为广东省一级学校，广东省德育示范学校，全国、广东省“双合格优秀（示范）家长学校示范校”，中石化集团公司“最佳绿化庭院”，茂名市义务教育标准化学校，茂名市语言文字规范化学校，茂名市“绿色学校”，茂名石化公司“模范学校”“红旗单位”“精神文明建设示范点”，2017年被评为“全国青少年校园足球特色学校”“广东省中小学信息技术提升工程示范校”，地理学科被评为“广东省地理学科优秀教研组”。

茂名市行知中学

一、设施完善

学校占地面积31 191平方米，建筑面积16 986平方米。校园布局合理，环境优美，设施设备配套完善，功能齐全，教学楼、实验楼、体育馆、图书馆等按照现代化标准建设，每个教室、实验室及部分功能室都配备了现代多媒体电教平台，录播室、创客室、大型多功能会议室、图书馆、阅览室、档案室、音乐室、美术室、地理室、卫生室、劳技室、器材室、广播室、心理辅导室、综合实践活动室等各1间，生物园、地理园各1个，多功能室、体育活动室各2间，物理、化学、生物实验室、计算机室各3间。有1个300米塑胶跑道的田径运动场和4个标准的塑胶篮球场，其他运动场地面积2 265平方米。先进的现代化教学设施大大地完善了教学条件，提升了教学水平。

茂名市行知中学完善的设施

二、师资雄厚

学校现有教学班42个，学生2 130人，教职工124人。学校拥有一支素质好、业务精、善管理、干劲足的师资队伍。专任教师中具有本科及以上学历的教师高达90%。其中高级教师50人，一级教师36人。现有广东省名师工作室主持人1人，茂名市名校长1人，茂名市名教师1人，市直属学校优秀校长2人，省市骨干教师、青年名师培养对象4人。一大批教师获“全国园丁奖”“全国、省和市级学科竞赛优秀辅导员”“茂名市优秀教师”“茂名市十佳优秀班主任”“茂名市直属学校优秀教师、优秀班主任”“茂名市优秀党员”等称号。一批青年教师正在快速成长。

茂名市行知中学雄厚的师资

三、特色鲜明

根据学生德、智、体、美、劳全面发展的要求，学校严格按照广东省九年义务教育课程计划设置课程，开齐课程、开足课时，严格控制学生在校时间，保证学生每天阳光体育运动不少于1小时。为丰富校园文化生活，促进学生的全面发展，学校努力打造特色品牌，大力开展社团活动。学校现有文学、科技、艺术、体育类社团近30个，每学期开展社团展示周活动。学校大力发展校园足球，建设全国青少年校园足球特色学校，现有男、女子足球队各一支，每周定时训练，在非毕业班开展每周一节足球课，开展年级足球赛。学校大力发展科技创新教育活动，通过社团组织开展培训、演示和竞赛活动，现开设了科技创新社、生物与化学社、地理社，学生根据自己的兴趣选择相应的社团并参与活动。此外，学校以每年的科技创新节为契机，开展丰富多彩的科技创新活动，深受学生喜爱。学生对科技创新的兴趣日渐浓厚，并积极参加校外科技创新项目比赛、教育创客比赛等活动。

茂名市行知中学特色活动

四、成果丰硕

近年来，教科研课题立项22项，论文获奖、发表350余篇。学生获市以上奖励680项。2016年荣获广东省中小学生教育创客大赛特等奖1项（茂名市唯一获此奖项的学校）、二等奖1项、三等奖2项。2017年荣获茂名市中小学生教育创客比赛一等奖1项、二等奖3项、三等奖2项。2017年12月，学生男子足球队荣获茂名市第二届“市长杯”足球联赛冠军。

茂名市行知中学获奖合照

行知中学坚持全面贯彻党和国家的教育方针，坚持以“教人求真，学做真人”的办学理念，秉承“知行合一，唯真唯美”的校训，落实精细化管理，注重学生人格品质的培养，注重学生实践能力的培养，注重学生科技创新意识的熏陶。学校管理形成了“团结、勤奋、求实、创新”的良好校风，“立范、敬业、和谐、奋进”的良好教风及“尊师、好学、进取、成才”的良好学风。学校正努力为学生搭建平台，强化社团活动，推进足球、科技创新教育、艺术教育特色项目，逐步创建学校品牌，朝着教育现代化学校的方向砥砺前行。

广东省任黎娜教师工作室简介

广东省任黎娜教师工作室以课堂教研为主线，以协同教研为抓手，以课题研究为载体，以团队学习、同伴互助、独立实践为表征，以学术交流、教艺切磋、互动提高为基本宗旨，以实现教师专业发展为目标，以广东省信息技术中心网络平台为依托，在广东省教育厅的领导下，使工作室成为“研究的平台、成长的阶梯、辐射的中心、师生的益友”。

一、我们的团队

广东省特级教师、广东省优秀地理教师、省级地理教材培训专家、茂名市名教师、茂名市行知中学教研室主任任黎娜老师领导主持工作室的工作。工作室3位专家分别是施美彬（广东省教研院教研员，华南师大和广师大硕士生导师）、周靖（茂名市教研室地理教研员）、李明辉（茂名市行知中学教务处副主任）；工作室助理分别是黄越和柯思而（茂名市行知中学）；还有10位成员分别来自茂名市行知中学（黄越、黄文敏）、茂名市祥和中学（李美莲、陈德炯）、茂名市博雅中学（殷小强）、茂名市春晓中学（赵慧、何燕娜）、茂名市龙岭学校（吴金梅、张芳）、茂名市新世纪学校（徐海远），他们都是茂名市初中地理学领域的佼佼者。

二、我们的追求

我们的追求是在相互呵护中催发对事业的追求与教育的睿智，不断地认识自我、完善自我、超越自我，做践行师德的高尚者、课改的推进者、教研的探索者、教学的引领者、人文精神的撒播者。

三、我们的理念

读书，一种教师生活的行走方式。读书使教育教学思想不断得到洗礼，教育教学理论知识结构不断得到重塑，教育技艺得以升华。

倾听，一种教师生活的学习品质。耐心倾听，表达一份尊重；认真倾听，感受一份认同；含笑倾听，赢得一份信任；安静倾听，分享一份喜悦。

探究，一种师生互动的研究平台。地理是一片问题的海洋，充满着智慧和神奇的诱惑，高瞻远瞩，师生互动，做一位探究的引路人。

四、我们的策略

困惑驱动，问题打造：以探究的方式捕捉新课程教学问题，问题变话题，问题做课题，革新教学行为，占领教学新阵地。

专家引领，拾级而上：借专家的视野择高而立、平地而坐、宽处而行，在与专家的零距离接触切磋中，启迪教育教学智慧，更新教育教学理念。

示范观摩，博采众长：加强与同行的交流与切磋，以他人之长，补自己之短。

实践磨砺，协同共进：搭建展示才智的平台，在修炼中互补、互哺，共生、共长。

第二篇

名师工作室建设

广东省教师工作室配置方案

尊敬的学校领导：

根据《广东省教育厅办公室关于在2016年开展2015年度中小学骨干教师省级培训跟岗学习的通知》（粤教继办函〔2016〕6号），2015年骨干教师跟岗培训安排在2016年5—6月完成，每期培训为期13天。5月第一批次学员跟岗培训，6月第二批次跟岗培训。

由于跟岗任务布置得紧，根据省工作室配置的要求，向学校申请在5月10日前配置工作室需要的相关办公设施设备：

1. 广东省中小学教师工作室办公室一间。（面积40平方米）

2. 电教平台1套。

3. 空调2台。

4. 粉刷办公室，增加部分插座。

5. 会议桌一张（规格4000×1600×750毫米，适合20人左右使用），普通办公椅25张，办公桌2张。

6. 文件柜3个。

7. 书柜3个。

8. 台式电脑1台，配置无线网卡和Wi-Fi。

9. 摄像机、照相机各1个。

10. 简易消毒柜1个，饮水机1台。

11. 书籍、期刊一批。

12. 工作室主持人、成员介绍、工作室规章制度等的牌匾若干。

敬请校长室批准为盼！

茂名市行知中学　任黎娜

2016年5月2日

任黎娜教师工作室发展规划

一、指导思想

根据《关于做好2015年广东省中小学教师省级培训工作的通知》（粤教继函〔2015〕36号）和《广东省教育厅办公室关于在2016年开展2015年度中小学骨干教师省级培训跟岗学习的通知》（粤教继办函〔2016〕6号）有关要求，以《广东省中小学教师工作室考核办法》为依据，跟岗学习整合高校、教师工作室、区县教师培训机构资源，采用“三位一体”的中小学骨干教师省级培训模式，以实践为导向，以问题为中心，采取“专家引领、师徒结对、学校体验、合作学习”的形式，提升骨干教师教育教学能力，实现“骨干教师成名，名教师成家”的双重目标。

二、工作室定位

“学研共进，拼搏筑辉”。

三、工作室的目标

实现“骨干教师成名”和“名教师成家”的“双名”目标。

四、工作室规划

1. 工作室成员组成

工作室主持人：任黎娜。

工作室专家：施美彬、周靖、李明辉。

工作室成员：黄越、黄文敏、李美莲、陈德炯、殷小强、赵慧、何燕娜、吴金梅、张芳、徐海远。

2. 工作室成员具体培养要求

（1）工作室成员制订个人成长目标与计划，建立个人成长档案。

（2）遵守工作室规章制度，服从工作室管理、考核与评估。

（2）每位成员至少订阅一份教育教学专刊，自觉进行教育教学理论提升。

（4）外出参加学习或教研活动要写学习报告并加以归档。

（5）独立熟练地进行课件制作，运用多媒体教学。骨干教师一年培养周期内至少独立制作两个高质量课件。

五、工作进程

1. 准备阶段（2016年4月15日—5月25日）

（1）工作室主持人、成员、学员分别参加理论培训，更新观念，提高理论水平，掌握课题研究和培养教师的工作方法。

（2）进行工作室硬件建设，配备上网设备、图书资料、办公用品等。

（3）组建工作室队伍，并做好具体分工。

（4）制定工作室职责、培养计划和制度；制定主持人职责、任务和两年成长计划。

（5）安排工作室挂牌仪式。

（6）做好实验研究课题的申报工作和开题工作。

（7）组织工作室成员、学员制订3年、5年、10年专业成长计划。

（8）开通工作室主持人博客，及时更新博客内容。

（9）确定工作室、工作室主持人、工作室成员、骨干教师、学员的考核、评估内容。

（10）建立个人成长档案。

2. 跟岗学习阶段（2016年5月29日—2017年6月30日）

骨干教师、工作室成员共同进行“任黎娜教师工作室”跟岗学习。采用师徒结对模式，由工作室主持人、工作室成员进行传、帮、带式培养。骨干教师、工作室成员与主持人一同备课、上课、评课，一同开展课题实验研究。

3. 岗位实践和行动研究阶段（2016年6月10日—2017年7月31日）

骨干教师、工作室成员回到任教学校进行岗位实践，独立开展课堂教学改革实践活动，总结教学实践经验，提炼个人教学风格，结合个人教学风格开展教育教学课题的实验研究。

（1）开通个人博客，每周发布不少于1篇的教育教学文章（含课例、案例、反思、体会和其他经验文章）。主持人的网页要对其进行链接，随时掌握骨干教师和工作室成员教育教学科研等开展情况。

（2）每周浏览工作室主持人博客至少1次，上传工作日记（含课例、案例、反思、体会和其他经验文章）至少1篇。

（3）必须执教不少于3节的校内公开课和不少于1节的校外公开课，并担任2名年轻教师的指导工作。

（4）撰写教学教研论文2篇、读书笔记和心得体会5篇、教学反思8篇、岗位实践和行动研究工作总结1篇。

工作室主持人开展“名师讲堂”活动，到骨干教师和工作室成员所在地区的学校进行示范教学，专家进行评课与教学指导，骨干教师和工作室成员积极参与听课评课活动。

4. 成果展示与培训总结阶段（2017年8月1日—2017年12月31日）

预期成果：

（1）一份研究报告。

（2）3～5篇论文发表、3～5个课例获市、省级奖，3～5篇论文获市、省级奖。

（3）课题争取能够获得广东省立项，并获得广东省创新成果奖。

（4）出1本乡土地理教材。

（5）出版1本课题研究的课例专著、论文集、习题集。

（6）培养出一批教学骨干、教学能手，在全市、省范围内执教公开课、开设讲座等。学员有自己的立项研究课题。

六、成果推广应用

将本工作室教育教学教研成果以论文集、成果报告会、专题讲座、网页等形式向全市、全省推广，促进粤西地区和茂名市中学地理教学提升和教师专业成长。

任黎娜教师工作室

2016年5月9日

任黎娜教师工作室制度

一、会议制度

每学期分别召开：

一次工作室计划会议，讨论本学期工作室计划，确定工作室的培养对象和培养目标、工作室的教育科研课题及专题讲座内容。

一次阶段性工作情况汇报会议，检测培训进度以及进行阶段性反思。

一次工作室总结会议，对工作室相关工作进行总结并将资料进行汇总。

一次工作室成果交流会，将成果进行交流、深化、推广。

二、学习、培训制度

学员在跟岗学习期间原则上需完成以下任务：

1. 教学实践：听评课不少于10节，上课不少于2节。

2. 确定教育教学研究内容并开展研究工作，提交具体研究方案或教育教学研究开题报告。

3. 撰写1篇读书笔记，开发1节优秀课例（含教学设计、学案和上课录像），并根据该课例撰写1篇教学反思。

4. 撰写第二阶段总结（跟岗学习的体会和收获）。

5. 跟岗学习结束前，各个跟岗小组至少制作跟岗简报2期。

三、工作交流制度

主持人、成员和学员之间每星期要通过网页、电子邮箱、QQ群等途径互通信息，交流教学教研开展情况，分享教育教学工作经验。

四、课题管理制度

1. 根据课题研究方案，在每一阶段制订具体的实施计划，及时进行阶段总结。

2. 课题必须做到有方案、有措施、有活动记录、有阶段小结、有结果分析、有实验报告和实验鉴定。

3. 每个成员必须以严谨的态度和科学的方法从事课题研究工作，多出科研成果。

4. 围绕工作室主课题确立子课题，做到科学、规范、有新意，能够带动更多的青年教师进行扎实有效的课题研究。

五、经费使用制度

1. 合理安排、使用省财政厅下拨的启动经费和项目经费，积极开展活动。经费的使用做到专款专用，由学校根据经费使用范围和财务制度的有关规定进行监督管理。

2. 经费主要用于培训、课题研究、鉴定评价、外出学习、购买资料、成果奖励及推广等方面。

六、考勤、考核制度

1. 考勤

工作室成员应按时参加工作室组织的各项活动，原则上不准请假，若有特殊情况，需以书面形式向工作室主持人请假。经常不参加活动的报省继续教育中心和市教育局处理。骨干教师跟岗学习期间按工作室制定的考勤制度进行考勤考核。

2. 考核

对主持人主要从工作室建设情况、指导与培养教师情况、教学教研中所发挥的示范作用等方面进行考核；对工作室成员主要从出勤情况、完成教研任务情况、指导青年教师情况等方面进行考核；对工作室学员主要从出勤情况、开展教研活动情况、培养青年教师情况、协助主持人开展工作情况等方面进行考核。

3. 奖励

（1）工作室每学年评选一次优秀工作室成员，两年评选一次优秀课题奖、最佳成果奖。

（2）对发表在市级以上报刊的论文和获奖成果按有关规定给予奖励。

（3）工作室成员未能通过年度考核，即按省继教中心要求进行调整；成员申请退出工作室需事先提出并经领衔人报请教育局和省继续教育中心审批同意。

七、档案管理制度

1. 工作室要制订详细的工作规划以及活动方案，并上报上级有关部门备案。

2. 工作室要建立学员培养档案，对学员进行有序规范的培训和考核。学员培养情况将作为对工作室考核的重要依据。

3. 工作室秘书负责工作室档案的管理，负责人兼管。工作室成员的计划、总结、听评课记录、展示课记录、教案等材料及时归档、存档，为个人成长和工作室发展提供依据。

4. 工作室所开展的活动需及时上报上级有关部门并写好小结，为工作室后期的评选以及奖励提供依据。

八、材料涉及人员

工作室主持人、成员和学员的计划、总结、听评课记录、实验课、公开课、研讨课、教案、学案、教学设计、课例、讲座、报告、论文、专著等。

任黎娜工作室

2016年5月9日

广东省任黎娜教师工作室揭牌仪式的活动方案

任黎娜教师工作室是广东省第三批中小学教师工作室粤西地区唯一一所初中地理的名师工作室，为加强名师工作室的建设管理及专业指导，确保工作室各项活动的顺利开展，更好地培养粤西地区的初中地理名师，根据《广东省中小学教师工作室建设与管理实施方案的通知》，拟定工作室挂牌仪式的活动方案分为两个部分进行，具体如下。

第一部分：揭牌仪式

一、时间

2016年6月3日上午9：00—10：00。

二、地点

茂名市行知中学任黎娜教师工作室（原小会议室）。

三、主管、指导单位

1. 主管单位：茂名市教育局、茂名市行知中学。

2. 指导单位：茂名市继续教育中心、茂名市教研室、华南师范大学（以下简称华师大）继续教育中心、广东第二师范学院（以下简称广二师）继续教育中心。

四、工作室指导专家（3人）

周顺彬：原广东省教研院地理教研员，省地理学会副理事长，华师大、广师大硕士生导师，国家教材《初中地理》常务副主编。

周靖：茂名市教育局地理教研员、茂名市地理学会会长。

廖树锋：广东石油化工学院地理系教师，二级学院督导组副组长。

五、出席人员（33人）

1. 市教育局领导：4人（李挺副局长、王志维科长、黄日周主任、黄文毓）。

2. 校领导：4人（曾文佳校长、谭慧娟副校长、谭水金副校长、刘桂副校长）。

3. 工作室指导专家：2人（周顺彬老师、廖树锋老师）。

4. 工作室成员和学员：23人（吴金梅、徐海远、廖静、任淑花等）。

六、揭牌仪式流程

主持人：黄日周主任。

具体流程如下：

1. 主持人介绍出席仪式的领导、专家及嘉宾。

2. 工作室揭牌（由市教育局及校领导揭牌）（1～2分钟）。

3. 全体合影留念（3～5分钟）。

4. 校长致辞（3～5分钟）。

5. 领导给指导专家、成员、学员颁发聘书（5分钟；李挺副局长给专家颁发，黄主任和王科长给成员颁发）。

6. 工作室主持人发言（2分钟）。

7. 指导专家代表发言（2～3分钟）。

8. 市教育局领导讲话（8～10分钟）。

9. 全体合影留念（5～10分钟）。

第二部分：讲座

一、时间

2016年6月3日上午10：00—11：30。

二、主持人

周顺彬。

三、题目

《地理野外实践教学》。

附录1

工作室揭牌仪式工作具体安排

1. 嘉宾引领：黄文敏、徐海远。
2. 嘉宾签名：黄越。
3. 发放资料袋：张芳。
4. 音响器材：体育组。
5. 摄影、录像：李明辉。
6. 会议记录：黄文敏。
7. 通讯稿：曾宇沣。
8. 主持人：谭慧娟校长。

附录2

任黎娜工作室揭牌仪式经费预算表

尊敬的学校领导：

根据《广东省教厅办公室关于在2016年开展2015年度中小学骨干教师省级培训跟岗学习的通知》（粤教继函〔2016〕6号），2015年度骨干教师跟岗培训安排在2016年5月29日—6月10日完成，培训为期13天，参加跟岗培训学员14人、成员9人。因相关揭牌领导公务原因，揭牌仪式将改为6月3日下午3：00—4：00举行。揭牌仪式需要的相关物品和费用预算如下：

揭牌仪式需要的相关物品和费用预算

物品	用途	数量	价格
音响设备	宣传布置	1套	学校提供
条幅	宣传及签字	2条	200元
32G的U盘	储存学习资料	60个	5000元
笔记本	学习记录	60个	750元
无纺布袋	装资料	60个	300元
黑色笔	记录	60支	120元
饮用水	招待	5件	120元
红色绸布	揭牌	1块	50元
嘉宾名牌		40个	80元
学员、成员挂牌	身份识别	80个	200元
鲜花	装饰		100元
签字笔	与会者签字	5支	45元
纸巾		5盒	100元
水果	座谈会		300元

合计：7365元

敬请校长室批准为盼！

茂名市行知中学任黎娜

2016年5月15日

广东省任黎娜教师工作室启动仪式讲话稿

尊敬的李局长、各位领导、专家、老师们：

大家上午好！承蒙领导厚爱，与大家相遇美丽的茂名市行知中学，相约初中地理。作为广东省挂牌教师主持人，在此发言，深感荣幸！首先，请允许我代表工作室的全体成员向长期关心、支持我们成长的领导、老师们表示最诚挚的感谢！感谢大家给予我们荣誉、给予我们信任和鼓励。我们深知：工作室的成立，代表着领导专家对我们全体教师的关爱，寄托了对我们初中地理教育发展的关注和希望。

我不是“名师”，而走在教学之路上，为了那份共同的教育梦想，守望那份共同的教育情怀，希望自己能成为“明师”，这个“明”是“明明白白”的“明”。

我不是领头羊，只是希望跋涉在教育的“苦旅”中，泥泞处相互拉一把，在茫然时相互点拨一下。不但要“一枝红杏出墙来”，更要“满园春色关不住”。这就是我们团队的目标：共建共享，共同发展。

我们明白自己的使命——借用余秋雨先生的话，那就是感悟“收藏人生的游戏”：让今天收藏昨天，让明天收藏今天，“珍视自己每一步脚印，勤于记录，乐于重温，敢于自嘲，善于修正，让人生的前前后后能够互相灌溉、互相滋润”。

记得尼采说过：“每一个不曾起舞的日子，都是对生命的辜负。”而在此之后所有“起舞”的日子里，让我们并肩携手，收获一路的芬芳和美丽！

2016年6月3日

工作室会议

广东省任黎娜教师工作室开班仪式

广东省任黎娜教师工作室于2016年5月30日在茂名市行知中学举行第一期开班仪式，共有12位来自各粤西各地各个学校的教师作为第一批学员跟岗学习，并有13位来自茂名各学校的骨干教师作为成员指导学习。跟岗期间，这12位学员将参加一系列的教育教学实践和研讨活动（如听课、评课、上课），撰写培训日志，抒写培训感受。

第一批学员开班仪式

5月30日上午8：00，在茂名市行知中学广东省任黎娜教师工作室举行了骨干教师省级培训跟岗活动开班仪式。首先，工作室主持人任黎娜老师发表讲话，任老师感谢与会的嘉宾，并介绍工作室成员。接着，曾文佳校长致欢迎辞，简单介绍了学校的基本情况，同时对任黎娜老师所取得的突出成绩表示了充分的肯定，并对工作室的工作提供大力支持。紧接着茂名市博雅中学殷小强老师作为工作室成员代表发表讲话，代表成员承诺，尽最大的努力支持工作室的工作。最后，任黎娜老师对本次跟岗学习的意义、目的和主要跟岗活动安排做了详细的介绍，并对成员和学员提出了期望。

主持人任黎娜在开班仪式上讲话

广东省骨干教师省级培训跟岗活动开班仪式

成员名单

任黎娜（主持人）：茂名市行知中学。
周顺彬（专家）：广东省教研院。
周靖（专家）：茂名市教育局。
廖树峰（专家）：广东石油化工学院。
黄文敏：茂名市行知中学。
赵慧：茂名市春晓中学。
徐海远：茂名市新世纪学校。
李美莲：茂名市祥和中学。
李明辉：茂名市行知中学。
殷小强：茂名市博雅中学。
吴金梅：茂名市龙岭学校。
曾宇沣：茂名市行知中学。
张芳：茂名市龙岭学校。

跟岗学员名单

朱博明：广州绿翠现代实验学校。
张艳：高州三中。
吴金昆：湛江市初级实验中学。

廖静：湛江市第五中学。

梁文奕：茂名市电白春华学校。

任淑花：岭南师范学院附属中学。

蒋宁华：湛江市二中海东中学。

黄海英：廉江市第二中学。

朱炽球：高州一中附属实验中学。

罗梅：外海中学。

莫春燕：茂名市博雅中学。

林伟强：湛江市吴川市唐禄中学。

学员合照

2016年5月30日

2017年度第二次会议

10月27日下午，在茂名市行知中学小会议室举行了广东省任黎娜教师工作室成员第二次会议，此次会议是在总结上一学期工作室的工作过程中取得的成果以及反思存在的问题的基础上组织召开的一次会议。会议的主要目的是为了下一阶段的工作指明方向。

在会议开始之前，行知中学校长李辉镇同志到达会场，做了一番简单而振奋人心的发言。发言主要围绕三大方面进行：一是对参加这个工作室的全体教师表达衷心的欢迎；二是进行表态，明确表示会大力支持这一省级工作室的工作，遇到问题及时沟通并尽力解决；三是希望所有进入工作室的教师可以收获更多，心情愉悦，在共同学习中有所成长。

李辉镇校长发言

接下来由工作室主持人任黎娜老师布置下一阶段的工作。主要是两点：

首先是同课异构的工作计划。暂定12月初，来自博雅中学的工作室成员殷小强老师和来自电白春华中学的工作室学员梁文奕老师进行比拼。而下学期3月份则安排工作室成员赵慧老师和张芳老师进行同课异构。

其次是教研方面，组织开展微课课题研究工作。任黎娜老师提出了“工不为利，但求学术”的指导方针。我们的教研不求利益的回报，但求在教育教学中有所贡献。而微课课题研究工作的目标是在两年时间里，完成对初中4册地理书的微课录制，以求形成一套完整、高品质、实用价值高的微课集，更好地协助日常教学并为新教师的培养增砖添瓦。在会议中任老师为我们分好了具体的任务，确定了日程表，可以说是稳抓实干、一步一个脚印。

任黎娜老师布置下一阶段的工作

最后任黎娜老师和到会成员进行了一次论文写作的简单经验交流和培训，谈及了论文写作的框架问题、选题技巧以及案例分析。

通过召开此次成员会议，全体成员明确了下一阶段的目标以及奋斗的方向，相信工作室必将上承过去的业绩，下启更高的辉煌！

2016年10月27日

2017年度第三次会议

今天下午在茂名市行知中学地理名师工作室，由工作室主持人任黎娜主持召开了2017年工作室的第三次会议，此次会议主要确定了以下三大方面的内容并进行了一次微课活动。

微课活动

会议首先明确了工作室的课题情况。目前已经顺利申请课题，针对这个情况，确立了接下来每名成员的工作任务以及应该肩负的责任，具体包括每周微课上交的数量以及评价标准等。

其次是明确本学期工作室成员公开课的安排。全部公开课围绕一个共同的主题“微课应用”开展，通过同课异构的形式，进行探究、研讨。

最后是明确工作室成员的考核细则，囊括了日常工作、活动展示、名师在线、教学研究成果等方面的内容。

看微课、评微课

会议的最后一个环节是进行“看微课、评微课”的活动。成员们通过对微课的观看、评价，达到相互参考借鉴以及提高的目的。

此次会议一如既往地坚持了务实、有效的原则，为工作的良性发展继续披荆斩棘，开拓道路。

2017年4月13日

2017年度第四次会议

今天下午，在茂名市行知中学地理名师工作室，由工作室主持人任黎娜老师主持举行了广东省任黎娜教师工作室2017年的第四次会议，此次会议分为两大环节。

第一个环节是任黎娜老师介绍了目前微课制作的一大趋势——微课碎片化处理。这是为了缩短学习者的学习时间，更好地发挥微课的实用性以及更好地服务微课的使用者。在此基础上，任老师提出了全体工作室成员要紧跟潮流，刻苦钻研，猛追进度的要求。此外，针对目前的发展趋势，对工作室此前申请立项的课题做了进一步的细化以及调整。

任黎娜老师介绍微课碎片化处理

第二个环节是观看各位工作室成员上交的微课作品，并针对作品提出了内容上、技术上的评价以及建议。在观看的同时，与会成员展开了激烈而有效的讨论，围绕着微课制作的困惑、心得体会等等充分进行了深入的研讨。

观看各位工作室成员上交的微课作品

此次会议，最大的意义在于提出了工作要有计划性、目标性，并通过列工作提纲的方式，规范每一位独具个性的成员的课题进度，为工作室能够顺利而圆满地完成任务奠定了基础。

2017年5月18日

2017年度第五次会议

今天下午3：00，在茂名市行知中学广东省任黎娜教师工作室举行了2017年度第五次会议。此次会议分为两个环节，第一个环节是工作室主持人任黎娜老师发言。

2017年度第五次会议

任老师首先回忆了上一次会议的内容并对相关工作进行了跟踪推进；其次总结了目前提交的资料并汇总了遇到的难题；再次汇报赴华南师范大学进行主持人培训的相关情况并提及目前大环境下不同区域的工作室的工作情况等；最后根据以上内容，提出了下一阶段工作室工作的方向——除了继续开发微课资源这一核心工作外，提出了要大力借助每一位成员的微信、微博等网络资源进行品牌推广的工作，还提出了开设以“社团活动”为主题的新课题的设想。

学员认真开会

会议的第二个环节是对成员递交的微课作品进行评审和归档。

本次会议承接上次会议内容，在落实之前的工作后又对日后的工作进行确切的指导。会议与工作紧密结合，相互指引，脱离了形式主义，求真而务实。

2017年6月10日

2017年度第六次会议

下午3：00，广东省任黎娜教师工作室在行知中学召开工作室2017年度第六次会议。会议围绕着微课评议展开，工作室成员纷纷带来了自己的微课作品。

工作室2017年度第六次会议

赵慧老师的《天气与气候》系列微课，运用乐秀软件制作，生动活泼，语言严谨、优美动听，思路清晰。李美莲老师制作的《比例尺》微课，则是用了非常幽默的导入方式，讲练结合。殷小强老师的《苏伊士运河》，切入了几个时事热点的视频，运用非常恰当的图片来讲解知识点。张芳老师的《东南亚的气候及农业》，声音亲切，导入与结尾首尾呼应。吴金梅老师的《主要农作物》普通话非常标准，语调适中。黄文敏老师的《中国的地理位置》，导入歌曲《龙的传人》，思路清晰严谨，注重读图分析。

赵慧老师的《天气与气候》系列微课

经过了一轮精彩的展示，工作室成员在主持人任黎娜老师的带领下进行了微课的研究与探讨，并在微课制作与开发方面进行了深入而有成效的会谈。

2017年9月14日

2017年度第七次会议

下午3：00，广东省任黎娜教师工作室在行知中学召开工作室2017年度第七次会议。会议围绕微课评议展开。工作室成员纷纷带来了自己的微课作品。

工作室2017年度第七次会议

吴金梅老师的《因地制宜发展农业》《我国的主要铁路干线》系列微课，气氛轻松，思路清晰。黄文敏老师制作的《辽阔的疆域》微课，语速适中，讲练结合，但局部存在知识性错误。徐海远老师的《贫穷的“富饶大陆”——非洲》《美洲的居民构成》，内容充实但趣味性略显不足。李美莲老师的《海陆分布》，思路清晰、有设计感、语言精练。黄越老师的《正午太阳高度角及物影变化》，思路清晰、画面美观，美中不足的是细节处有些微小的失误。殷小强老师的《俄罗斯资源分布与工业分布》，画面清晰，但思维的引导仍需加强。

李美莲老师的《海陆分布》

黄越老师的《正午太阳高度角及物影变化》

黄文敏老师的《辽阔的疆域》

经过了一轮精彩的展示，工作室成员在主持人任黎娜老师的带领下进行了微课的研究与探讨，并在微课制作与开发以及下一步的工作计划等方面进行了深入而有成效的会谈。

2017年10月12日

2017年度第八次会议

又是一年立冬前，今天下午3：00，在茂名市行知中学广东省任黎娜教师工作室举行了2017年度第八次会议，此次会议分为两个环节。第一个环节是展示、评议成员递交的微课作品。

2017年度第八次会议

其中，赵慧老师的《亚热带季风气候和地中海气候》《温带海洋性气候》系列微课，设计感强、语言精练、声音亲切，片头片尾非常具有个人特色，具有极强的标志性。黄文敏老师制作的《我国省级行政区及其简称》微课，气氛轻松，泼墨画的导入方式美观性十足，美中不足的是细节有些微小的失误。徐海远老师的《亚洲季风气候》《美洲的居民构成》，语速适中，内容充实，但设计感略显不足。李美莲老师的《陆地的地形》，思路清晰、有设计感、语言精练。张芳老师的《南极与北极的气候》，思路清晰、画面美观。吴金梅老师的《南方与北方的差异》、殷小强老师的《美国农业》，画面清晰，内容充实。本次微课展示较之前有了巨大的进步，整体上设计感强、语言规范、图文精美，重难点均得到了解决，但在微课设计中仍需要注意关键词再现，尤其是讲解重点知识时应对其标注强化并反复再现。

微课讲解

经过了一轮精彩的展示和探讨，工作室成员在主持人任黎娜老师的带领下进入第二个环节。任老师首先明确接下来的工作安排。工作室将于12月开展“送教下乡”活动，届时将有赵慧老师主讲的常规教学讲座和黄文敏老师的公开课。随后，各成员联系自身实际情况和教学状况，表达了自己在微课制作中亟待解决的问题。最后根据以上内容，任老师对工作室下次会议内容进行了具体安排，届时将由黄文敏老师和李美莲老师结合自己或学校的优秀微课制作经验来开展微课制作讲座，旨在交流与提炼教师自身的微课制作经验。

任黎娜老师明确工作安排

此次会议一如既往地坚持了务实、有效的原则，为工作室的良性发展继续披荆斩棘，开拓道路。

2017年10月12日

第三篇

名师工作室管理

名师工作室计划的制订

工作室的发展规划及保障措施

广东省教师工作室的建设主要负责3个方面的工作：工作室常规建设、工作室成员培养、省级骨干教师跟岗培训。鉴于此，工作室的相关工作计划也划分为3个方面。

一、工作室发展规划（长期发展计划）

工作室发展规划是工作室常规建设及发展的长远目标，一般是2～5年的发展愿景。在制订工作室发展规划的时候，首先是明确工作室的定位及发展目标。广东省任黎娜教师工作室作为粤西唯一一所初中地理的省级教师工作室，对工作室的定位是“学研共进，拼搏筑辉”。工作室从定位上就把教学和教研放在了同一个层面上，所以在工作室的主要工作安排上也会有所体现。工作室的目标设定是：实现“骨干教师成名”和“名教师成家”的“双名”目标。工作室在长期发展规划中，要注意活动的安排与设置是否能够达到“骨干教师成名”和“名教师成家”的“双名”目标。其次是建立分项目标，制订大的框架式计划。我们在制订工作室发展规划时，共包含了6个部分的内容：指导思想、工作室定位、工作室目标、工作室规划、工作进程、成果推广应用。

制订计划时要注意目标具体化、具有可操作性和实用性。

例如，在制订工作进程的计划时，我们细化为4个阶段（准备阶段、跟岗学习阶段、岗位实践和行动研究阶段、成果展示与培训总结阶段）。每个阶段根据工作的需要安排了不同的学习与教学教研目标，比如，岗位实践和行动研究阶段，是骨干教师和工作室成员跟岗培训之后的一个跟踪反馈及成果巩固阶段。针对平时培训中常常出现的培训时很积极，效果很明显，但是培训后回到原单位就又恢复到原状态的情况，我们在规划中做了详细的任务布置和活动安排。通过具体的工作要求，我们期望达到巩固培训的效果，促成教师的实际成长。

二、工作室阶段性工作计划（短期计划）

工作室阶段性工作计划，也就是我们每个学期或者每个学年在做的工作计划。它是工作室具体工作的落实性计划，也是把长期规划分步骤落到实处的计划。因为名师工作室的属性是集教学、科研、培训等职能于一体的教师合作学习共同体，主要工作是对教师进行培训和促进教师的专业成长，所以我们在制订阶段性工作计划时要注意以下几个问题。

1. 了解成员，寻找成员发展中存在的短板及遇到的问题

了解成员包括了解成员的个人成长计划、听评课。在这个环节，我们先让成员填写“个人成长计划”表，以此了解教师对自己的专业分析。在成长计划中，我们设计了基本概况、个人SWOT（strength优势、weakness劣势、opportunity机遇、threat威胁）分析、环境SWOT分析、长期发展目标（3年、5年、10年）、行动计划、成果、考核验收指标等几个栏目，以此来了解教师专业成长中的优势、存在的困惑或遇到的问题，个人对自己的发展愿景、预期的目标及职业规划。然后我们再进一步要求成员上一节常态课和一节精品课，通过两节课的课堂表现，了解教师实际的专业水平和存在问题，以此使计划尽可能做到量身定制。

2. 要制订短期培训及工作计划，不贪大、不贪长

当下教学变革的大环境对教学和教研的要求在不断变化；每个成员在成长的过程中遇到的问题也在不断变化；每个阶段的工作要求也在不断改变。这一切都要求阶段性工作计划不能做得时间太长。短期计划方便及时改变思路、修改培养方向和实现工作室的小目标。我们工作室的短期计划一般以一个学期为限。每个学期会针对成员的实际需求和工作室的实际工作进行调整，把工作落到实处、细处。

例如，2017年，本学期的工作计划中，由于国家教育信息技术提升工程的需要和工作室有关微课的课题需要，工作室要求每个成员熟练掌握微课的制作和应用。因此，我们这个学期的工作重心就放在了微课制作培训、微课应用课例的生成以及课题研究上。

3. 针对成员个人特点及学科特性，设立小目标

在对工作室成员有了基本了解后，在制订计划时，工作室重视对每位教师的培养，既要完成工作室的基本教学教研任务，又要有意识地分配不同的任务给相应的成员，以达到最好的培养效果。

例如，在工作室成员吴金梅老师的个人成长计划中，我们了解到吴老师是一位80后，已有近10年的从教经验。在个人优势上，她有多次教学循环经验，有论文撰写和课题研究经验，有校本开发和教材编写的经验，是学校的学科带头人，目前是在读硕士，有较为完善的教育学理论知识等。在劣势上，她觉得自己在教学中动态化生成和评价方面不够“开放”，教学研究方法和资料的整理不熟练，研究方法单一，另外在教学中板书板图能力、微课制作能力方面有待提高。在专业规划上，她期待成为研究型教师和学科带头人。在对吴老师做了初步了解后，工作室又进一步听了吴老师的两节课——“等高线地形图的绘制与判读”“广东地理——城市与人口”。通过听课和对吴老师成长计划的解读，我们初步判断：吴老师教学基本功扎实、对教材把握较好，有较强的课件制作与资料收集能力，教态亲切自然，对课堂的把控能力强，有丰富的地理科组管理经验，有较强的教学研究能力，吃苦耐劳，踏实好学。但是在教学中，她对学生的地理思维能力的引导不足，师生互动有待加强，课件制作及课堂教学中图表的绘制有待提高，课堂表现激情不足而容易紧张，微课制作技术有待提高，教学研究需要进一步指导。由此，工作室对今后培养吴老师的方向大致有了把握。在随后的跟岗培训中，工作室安排了吴老师发挥她的长处，为学员做了精彩的“科组建设”讲座，并和我一起上了一节同课异构课——《等高线地形图》。通过对比，让她学到了如何在教学中活学活用知识点，如何调动学生的主观能动性，完成教学的构建，如何在教学中合理引导学生的思维。我们在本学期的工作中更是派出吴老师代表茂名市参加了广东省的中考备考会中的现场课，让她见识大场面，克服上公开课的紧张情绪，并在整个备课过程中，我和工作室的黄文敏老师、张芳老师、赵慧老师、殷小强老师都分别给予了她在教学思路梳理、课件制作、图表制作、教学语言表达、课堂活动设计等方面的帮助。吴老师在课后感叹：“集体的力量真的很强大，一节课学到了很多，感觉教学上突破了多个瓶颈。”这节课也获得参会人员的一致好评。

所以在制订计划时一定要针对成员个人特点及学科特性，设立小目标。

4. 要注意的几个问题

（1）认真收集和反思工作中遇到的实际问题。在实际的工作中，常常会遇到各种问题，比如，在教学过程中，教师常常出现对课堂的过度掌控、对教材的生搬硬套、对学生活动的安排重形式不重效果、对课件过分依赖等问题；在教研中，普遍存在论文格式不规范，课题研究题目过大、难以深入，研究欠缺理论支撑、研究浮于表面、研究的过程假大空等问题。这些问题，有些有共性，有些体现在个别教师身上，这就需要主持人在工作的过程中注意细节，认真收集与反思工作中遇到的这些实际问题，在今后制订计划时，有意识地做相应的培训和指导。

（2）结合学科特点。学科差异会让工作室的建设和培训有所不同，制订计划时，要注意结合学科特点，设计相对应的计划。比如，地理学科是一个注重教学实践和野外实践的学科，在制订计划时，我们会比较注重带成员做一定的野外地理项目考察，强化教师的地理专业能力。比如我们本学期安排了茂名浮山岭野外地质地貌考察活动。

（3）结合现有条件（硬件、软件、师资、生源、政策等）。每所学校的办学条件不同，硬件配置、师资、教学环境、生源条件和当地的教育政策都有所不同，在制订计划时要综合考虑，因地制宜做好规划。一方面在现有的条件下做好工作室的建设和教师的培养工作，另一方面最大限度地争取创造更好的培训环境。这都需要我们主持人发扬敢于为先，乐于沟通的精神。

（4）认真了解成员发展状态，分析成员发展瓶颈及短板，有针对性地制订计划。名师工作室是培养教师的基地，所以了解自己的成员才能做到有的放矢，培训才能落到实处，教师才能真正成长。

（5）“5W”原则。定时间、定地点、定主题、定教师、定作业，让培训落到实处。短期计划必须做到5个“W”，才能让计划落到实处。一些计划可以微调，但在制订的时候要定主题、定时间、定地点、定教师、定作业。这里要强调的是定作业。每项活动结束都要布置相应的作业并及时收缴。人都是有惰性的，只有任务明确，才能达到最佳的培训效果。从成员作业的反馈上，我们也能及时掌握成员的培训状态和存在的问题，为下一步的工作做方向的指引。

（6）重反馈、重资料收集。工作室在执行计划的过程中，要注重资料的收集和反馈，多反思、多梳理、多积累，为今后的工作室的建设和成员培养做经验的积累和参考。

三、工作室学员培训计划

广东省教师工作室有一项非常重要的工作是广东省骨干教师的跟岗培训工作。前面我们已经介绍了广东省教师工作室在2010—2014年，一共帮助广东省开展了6000名省骨干教师的跟岗培训工作，为广东省的教育做出了巨大的贡献。骨干教师跟岗培训为期2周，学员全程跟岗学习。为了做好这两周的培训工作，我们需要提前做好准备，设计合理、详细地跟岗培训方案，达到最佳的培训效果。

1. 了解学员，多交谈、多沟通、听评课

制订对学员个人成长有针对性的培训计划（跟岗学员调查表、个人成长计划）。和工作室计划的制订一样，在培训工作的前期，工作室要做好对骨干学员的深入了解工作。首先学员按要求制订个人成长计划；其次通过电话访谈、学员调查表和听评课等手段了解学员的特点（性格、专业特长、教学风格、短板、专业发展瓶颈等）；最后有针对性地制订跟岗培训计划。

2. 了解工作室团队（硬件、各成员优势）

跟岗培训需要全体成员的参与，既要促成团队成员的发展，又要在一定程度上对团队综合能力进行考察。在制订跟岗学习计划的时候，我们要通盘考虑每位成员在培训中承担的任务。比如，黄文敏、李美莲老师是我工作室的助理，她们是刚工作两年的新教师，工作热情、主动，头脑灵活，软件技术水平较高，但在教学教研上还处于学习摸索阶段，所以在培训中我安排她们一起负责会议的场务、会议记录、工作协调、作业收集等工作，在学员培训的整个过程中要求她们全程参与，既锻炼了她们的组织协调能力，又使她们有机会近距离和省骨干教师一起参与培训，促进了她们专业的成长。黄文敏老师在短短一年的学习中，就积累了丰富的课堂经验，结合她的电脑运用技术，在2016年的微课大赛中连续斩获茂名市直第一名、茂名市第一名、广东省一等奖，并已经被茂名市教育局继续教育中心聘请为微课培训专家，参与到对教育局骨干教师的培训中来。李美莲老师也已成为她所在学校的校级骨干教师，参与学校命题、备课等多项工作。

工作室成员中的徐海远、张芳、殷小强、吴金梅、赵慧老师相对比较成熟、专业水平高，我们对这些教师则委以重任，分别安排了同课异构、专题讲座等实际的培训工作。工作室成员李明辉老师擅长摄像、电脑操作，所以在任务指派中他负责跟岗学习期间所有的摄影、摄像、编辑录像的工作；曾宇沣老师擅长文学写作与编辑，所以他负责跟岗培训期间的所有信件、公众号、博客的发布以及工作室各种总结的撰写工作。根据团队成员每个人的特长，安排合理的工作，是工作室得以正常运转的关键。

3. 定时间、定地点、定专题、定教师、定作业

广东省教师培训中心对省级骨干学员的跟岗学习有硬性指标，所以在跟岗计划的安排中就要合理分配好时间和活动内容，既要完成培训任务，又要结合每位学员的需求和地理学科特性，尽可能合理地安排活动。

4. 重劳逸结合、人性化管理

跟岗学习的时间紧，容量大，省级骨干教师的年龄基本在40岁左右，体能和精力有限，在培训中为了达到最佳状态，在计划的安排上要注重劳逸结合、人性化。比如，6月1日，我们全天安排了5节课的听课、评课活动，在下午就适度安排了教师辅导学生做地理简报的课外活动，动静结合；6月3日，辛苦的开题报告结束之后，我们在下午安排了教育电影《放牛班的春天》的学习，教师在愉快轻松的环境中，既舒缓了开题报告所带来的压力，又对教育有了新的反思。

5. 重实效性、时效性

在安排跟岗学习时，还要注意实效性与时效性。所谓实效性，就是安排的活动是否有用？是否能达到实际的培训效果？时效性就是活动是否契合现在的教育教学需求，是否符合时代发展的需要？新的课程改革提出了“核心素养”的教育理念，而对学生地理实践能力的培养成为一个共同的课题。以往的地理课学生习惯于死记硬背、习惯于课堂教学，很多教师以安全为由认为地理野外实践教学不可行。我们在跟岗学习的同课异构中，给大家展示了校园内户外教学的新模式，在周末还和学生一起去了茂名市露天矿生态恢复区做了地理野外考察，让培训教师看到了新的课堂模式的实际操作和可行性。

6. 重反馈及收集资料

在跟岗计划的资料收集上，我们在制订计划时就加以体现，明确作业布置与上交形式，由专人负责查收，对完成的作业及时查阅，及时反馈，对作业呈现出的问题在后期培训中及时处理与纠正，保证学员的跟岗培训质量。

7. 重后续跟进，重交流

计划的制订只是保证工作顺利开展的前提，但是在计划的执行上需要工作室做好后期跟进与交流的工作。每位学员在教学教研过程中存在哪些问题？这些问题随着培训的开展有没有得到解决？有没有产生新的问题与困惑？对工作室的培训还有哪些要求？这些都需要在培训的过程中不断沟通、不断交流加以了解，从而修订、补充，达到最适合学员培训的目的。

8. 重引领，重示范

名师工作室是有引领示范职能的，所以在计划的制订上不要因循守旧，要敢于创新、敢于实践、敢于发掘、敢于为先，为培训学员做示范。

四、保障计划的落实

再好的计划实施了才是真正有效的。名师工作室工作繁杂，在计划的落实上需要制定一定的保障措施。我们主要采用如下方法。

1. 建立学员、成员成长档案

工作室为每位学员和成员制作了成长档案，并指定专人负责定期收集学员、成员的业绩资料，定期填报相关表格，跟踪每位学员和成员的成长轨迹。

2. 工作总结、培训小结的落实

工作室定期收集工作总结和培训小结。工作总结和培训小结形式多样，美篇、简报、总结都可以。工作总结与小结的落实对学员与成员的学习与工作会起到一定的督促、总结与反思的作用。这也是保证计划有效执行的重要手段。

3. 网络交流及定期互访

名师工作室是由教师组成的专业学习和发展的共同体，跟岗培训的结束实际上意味着教师共同体建立的开始。所有的骨干教师形成一个团队，那是一个不容小觑的力量。所以工作室在培训之后，还会利用网络平台，定期开展教学教研活动，也会利用微信公众号定期发布工作室的运作动态，使每位从工作室出去的学员和成员都成为一家人。大家共同研究教学中存在的问题，共同讨论论文的撰写、课题的研究问题，获得荣誉大家一起跟着高兴，遇到困难大家一起帮助，形成教学教研良性运转的共同体。

4. 定期考核（工作室成员考核细则）

为了促成工作室成员的成长，帮助中青年教师克服职业倦怠感，工作室制定了详细的工作室成员考核细则，对每一项工作量化考核，作为工作室成员评优与续聘的重要的衡量指标。

2016年广东省任黎娜教师工作室跟岗计划

授课时间		课程名称	课程形式	主持人	地点	要上交作业
5月29日 星期日	下午 5：00— 6：00	1. 骨干教师报到		任黎娜	汇丰酒店	
		2. 签到、安排住宿		工作室成员		
5月30日 星期一	上午 7：30— 11：00	1. 早操升旗		曾文佳	校道	
		2. 跟岗开班仪式		任黎娜	工作室	
		3. 明确跟岗目的、意义、任务，互相认识	座谈会	任黎娜		
		4. 学员制订跟岗学习计划	行动学习	学员		跟岗计划
	下午 3：00— 5：00	1. 地理科组建设	主题讲座	吴金梅	大会议室	
		2. 准备自己学校的科组建设资料	行动学习	班集体	工作室	科组建设资料
5月31日 星期二	上午 8：30— 11：00	1.名教师养成记	专题讲座	任黎娜	大会议室	
		2. 制订个人成长计划	行动学习	班集体	工作室	成长计划
	下午 2：30— 7：30	1. 同课异构《等高线地形图》	示范课	任黎娜 吴金梅	初一	听课记录
		2. 评课（下午第3～4节课）	案例分析	班集体	工作室	评课记录
6月1日 星期三	上午 7：30— 11：30	1. 学员上常态课（3节）	常态课	学员	教室	课例
		2. 评课活动（第4节课）	讨论交流	任黎娜	工作室	评课记录

续表

授课时间		课程名称	课程形式	主持人	地点	要上交作业
6月1日星期三	下午2：30—5：30	1. 学员上常态课（2节）	常态课	学员	教室	听课记录
		2. 评课活动（辅导课）	讨论交流	任黎娜	工作室	评课记录
		3. 初一学生地理课外活动（制作地理简报）	学生活动	学员	教室	活动心得
		4. 学员写教学反思（晚上）	问题解决	学员	宿舍	教学反思
6月2日星期四	上午8：00—11：30	1. 学员汇报科组建设（每人6分钟）	汇报交流	学员	工作室	科组建设资料
		2. 如何确保课题研究的完成和效果	“世界咖啡”	任黎娜	工作室	
	下午	学员调整自己的课题开题报告	课题研究	学员	工作室	开题报告
6月3日星期五	上午9：00—11：00	1. 揭牌仪式		任黎娜	大会议室	
		2. 讲座“地理野外实践教学”	讲座	周顺彬	工作室	
	下午3：00—5：00	1. 学员开题报告（每人10分钟）	课题研究	任黎娜	大会议室	
		2. 学员撰写跟岗简报（第一周）	总结归纳	组长	工作室	简报
		3. 师德教育研讨《放牛班的春天》	教育电影	任黎娜	工作室	影评
6月4日星期六	上午8：30—下午5：00	1. 参观露天矿生态恢复区	野外考察	任黎娜	露天矿	博文
		2. 参观高州根子荔枝园（茂名经济农业）	实践活动	学员	高州	
6月5日星期日	全天	学员准备精品课	课例开发	学员	工作室	课例
6月6日星期一	上午8：00—11：00	学员分组说课、评课	集体备课	各组组长	工作室	评课记录
	下午2：30—5：30	1. 学员精品课（3节）	课例展示	学员	教室	听课记录
		2. 评课（辅导课）	讨论交流	任黎娜	工作室	评课记录

续 表

<table>
<tr><th colspan="2">授课时间</th><th>课程名称</th><th>课程形式</th><th>主持人</th><th>地点</th><th>要上交作业</th></tr>
<tr><td rowspan="4">6月7日
星期二</td><td rowspan="2">上午
7：30—
11：40</td><td>1. 学员精品课（4节）</td><td>课例展示</td><td>学员</td><td>教室</td><td>听课记录</td></tr>
<tr><td>2. 评课（大课间和读书课）</td><td>讨论交流</td><td>任黎娜</td><td>工作室</td><td>评课记录</td></tr>
<tr><td rowspan="2">下午
2：30—
5：30</td><td>1. 学员精品课（3节）</td><td>课例展示</td><td>学员</td><td>教室</td><td>听课记录</td></tr>
<tr><td>2. 评课（辅导课）</td><td>讨论交流</td><td>任黎娜</td><td>工作室</td><td>评课记录</td></tr>
<tr><td rowspan="3">6月8日
星期三</td><td rowspan="2">上午
7：30—
11：40</td><td>1. 学员精品课（4节）</td><td>课例展示</td><td>学员</td><td>教室</td><td>听课记录</td></tr>
<tr><td>2. 评课（大课间和读书课）</td><td>讨论交流</td><td>任黎娜</td><td>工作室</td><td>评课记录</td></tr>
<tr><td>下午</td><td>学员撰写跟岗简报（第二周）</td><td>行动学习</td><td>组长</td><td></td><td>简报</td></tr>
<tr><td rowspan="2">6月9日
星期四</td><td>上午</td><td>学员整理教学反思</td><td>反思研讨</td><td>学员</td><td></td><td>教学反思</td></tr>
<tr><td>下午</td><td>学员撰写跟岗总结</td><td>反思总结</td><td>学员</td><td></td><td>跟岗总结</td></tr>
<tr><td rowspan="2">6月10日
星期五</td><td>上午</td><td>学员撰写读书笔记</td><td>学习反思</td><td>学员</td><td></td><td>读书笔记</td></tr>
<tr><td>下午</td><td>总结交流，提交所有作业</td><td>讨论交流</td><td>任黎娜</td><td></td><td></td></tr>
<tr><td colspan="7">注：学员每天要写跟岗日记，发表到班级博客上。</td></tr>
<tr><td colspan="7">学员作业：读书笔记、优秀课例（含教学设计、学案和上课录像）、教学反思、课题研究具体方案、跟岗总结、跟岗学习简报等</td></tr>
</table>

广东省中小学骨干教师个人成长计划

<table>
<tr><td>姓名</td><td>吴金梅</td><td>性别</td><td>女</td><td rowspan="4">照片</td></tr>
<tr><td>出生年月</td><td></td><td>学科学段</td><td>地理初中</td></tr>
<tr><td>通讯地址</td><td></td><td></td><td></td></tr>
<tr><td>手机</td><td></td><td>邮箱</td><td></td></tr>
<tr><td>SWOT
分析</td><td colspan="4">个人SWOT分析（优势、劣势、机遇、威胁）
个人优势：
（1）多次完成教学循环，积累了一定经验，存储并初步系统化教学参考资源。
（2）经历过新旧教材和考纲变化，有利于把握教学研究动态变化。</td></tr>
</table>

续表

SWOT分析	（3）茂名市龙岭学校科组长，方便参与其他科组和校际交流学习。 （4）有论文撰写、课题研究经验，在此过程中积累了科组及个人的“精品课例”和论文、结题报告等研究成果。 （5）有校本课程开发、教材编写、课程开展的经验。 （6）目前在读在职硕士，在考试和继续学习过程中完善心理学、教育学理论知识系统，继续思考教学中产生的困惑，进行教学研究，形成研究成果。 **个人劣势：** （1）对教学过程中的“确定性”追求过多，动态化生成和评价不够“开放”。 （2）研究方法和资料整理方法使用不够熟练，尤其是问卷设计、资料的定量分析。 （3）研究侧重于经验总结和案例分析，在实证研究方面水平尚待提高。 （4）美术功底不够扎实，主要体现在版画和多媒体教学课件设计的整体美感上。 （5）微课制作和使用经验不足，水平尚待提高。 **机遇：** “晒课”“教师基本功大赛”等交流活动提供了更多的资源。省级、市级、市直等课题研究指南提供了教研方向。同行提供了学习和提升的机会。 **威胁：** 新技术、新设备的更新速度快，需要提高自我学习的能力。 **环境SWOT分析** **环境优势：** （1）各级教育部门政策的支持和导向，如名师工程、课题指南、互联网+等。 （2）学校在政策、平台和设备上的支持，如出版校本教材、开发校本课程、组织教学基本功大赛、校级交流活动、更新多媒体平板设备、完善智慧教室等。 （3）科组成员间的紧密合作。 **环境劣势：** （1）学生的生活、学习条件与教研教学活动开展需要的条件不符，例如，手机、平板电脑、互联网等普及性不够，“翻转课堂”等大量优质资源无法得到有效使用，针对这方面的教研活动也难以有效开展。 （2）科组成员大部分是工作几年的年轻教师，教学和教研活动得不到高水平的指导和评价。 **机遇：** （1）教学设备、联网设备和资源上的支持。 （2）各类交流和培训活动多。 **威胁：** 多媒体、微课视频制作工具和设备的使用要求较高的技术水平

续表

长期发展目标（3年、5年、10年）	**长期发展目标——成为一个研究型教师** **3年——熟练掌握教学教研工作，注重实践探究和经验总结** 具体目标：①完善地理专业知识系统；②完善个人和科组的课程建设资源库；③苦练教学基本功，尤其是板画、板书、微课制作，参与竞赛、竞争。 **5年——努力探索，成为骨干教师** 具体目标：①能从理论上反思和概括自己的教学经验；②提高学历，消除倦怠感，在教学教研上注意创新。 **10年——建设优秀科组，成为研究型教师和学科带头人** 具体目标：①有较高管理能力，建设优秀科组；②有较高的教学组织能力、教学评价能力、教学研究能力，成为研究型教师和学科带头人
近两年年度发展目标（包括个人目标和科组建设目标）	**第一年：（2016年9月）** （1）建设包含教材、课件、多媒体素材、试题库、微课视频、精品课例、优秀论文与设计、课题研究报告等方面的课程资源库。 （2）全程参与任黎娜名师工作室跟岗培训，不断学习和提高。 （3）完成“乡土地理”子课题“城市化变迁及城市化水平”的开题。 （4）完成《先学后探——实现课堂内的“翻转”》硕士论文的开题
	第二年（2017年9月） （1）完成“乡土地理”子课题“城市化变迁及城市化水平”的中期报告。 （2）完成《先学后探——实现课堂内的“翻转”》硕士论文的结题报告。 （3）根据个人及科组成员的课题研究成果，完善科组建设，强化科组特色
行动计划（内容）	**专业引领计划**（包括个人专业成长、科组建设、青年教师引领等） （1）个人专业成长：①继续学习专业知识，完善知识系统；②完善个人课程建设资源库；③苦练教学基本功，尤其是板画、板书、微课制作，参与竞赛、竞争；④完成在职教育硕士课程，提高学历，消除倦怠感，在教学教研上注意创新，能从理论上反思和概括自己的教学经验；⑤完成“乡土地理”子课题“城市化变迁及城市化水平”和硕士论文《先学后探——实现课堂内的“翻转”》。 （2）科组建设：①完善科组建设，建设资源库；②提高管理能力、教学组织能力，建设优秀科组；③提高教学评价、教学研究能力，引领青年教师成长。 （3）青年教师引领计划：①集体备课，做主备人，研讨课展示侧重于选择青年教师；②继续坚持“一对一帮扶”计划
	教育教学创新计划（包括自己从事教育教学工作的主要内容、目标任务、要达到的工作水平、工作方式方法及其改革创新的举措等） （1）工作目标：培养初中学生的学习兴趣，使学生形成基本的地理素养；用高效的课堂教学减轻学生的学习负担。

续表

	（2）具体举措：①研究课程标准与考纲，实现教学内容“精简化”；②依据本地区教学条件和学生身心发展特点，选择合适的教学模式；③尊重学生在课堂上学习的主体性，重视对学生自学和探究的引导；④研究高效的课堂教学方式，切实减轻学生学习负担；⑤研究乡土地理，提高学生的学习兴趣
行动计划（内容）	**研究计划**（包括拟研究的主要问题、研究方法、研究思路、研究内容、预期成效及突破、成果形式等，以高效课堂为例） （1）研究主题：先学后探——实现课堂内的“翻转”。 （2）研究方法：调查法（访谈、问卷）、观察法、案例分析法、对比实验法。 （3）研究思路：研究设想、文献调查与资料搜集、数据分析、具体方案确定、实践与实验、结论与改善、结题完成。 （4）研究内容：学生课后学习时间分配、学习环境、学习条件调查；“先学后教”“导学案”“翻转课堂”等教学方式的理论支撑、实践效果、在本地区实施的局限性、优秀成果的可利用性；实验班级教学效果分析；“先学后探”模式的理论依据、实践效果、具体策略。 （5）预期成效和突破：有效利用“先学后教”和“翻转课堂”等方面的研究成果，显著提高课堂实效；建立符合本地区学生学习环境和条件的有效的教学模式，切实减轻学生学习负担。 （6）成果形式：论文、课例、调查报告、结题报告
	教育教学研究成果的总结提炼、发表出版计划（包括总结提炼教科研成果和工作经验的设想；发表论文或出版著作的打算等） 研究成果主要以硕士毕业论文集的形式出版
行动计划（时间）	2016年7—8月：开题报告。 2016年9—10月：调查与数据分析。 2016年10—12月：确定实验班，确定研讨课例题目与内容、上课教师，进行实验课的设计与实践、反思与修改。 2017年1—4月：课例实践、修改，进行总结，形成课例、视频、成绩记录、论文等初步成果。 2017年5月：形成中期报告。 2017年6月：研究成果的最后整理、修正、补充。 2017年7月：形成结题报告
预期成果（包括年度预期成果）	**预期成果（2016年7月—2017年7月）** （1）形成开题报告。 （2）调查报告（包括调查问卷及数据分析、访谈记录、案例分析记录）。 （3）数据分析报告（包括调查数据的定量分析及对比实验结果分析）。 （4）论文。 （5）优秀课例。 （6）结题报告

续 表

考核验收指标（包括年度考核验收指标）	2016年7—8月：开题报告。 2016年9—10月：调查报告。 2016年10月—2017年4月：课例、视频、成绩记录、论文。 2017年5月：中期报告。 2017年7月：结题报告

2017年上半年广东省任黎娜教师工作室工作计划

时间	主题	主要内容	地点	负责人	作业
1月	第一次成员会议	新学年工作安排、课题任务布置	工作室	任黎娜	每周一微课制作，每周五提交
3月	研讨课	广东乡土地理（吴金梅）	行知中学大会议室	任黎娜	提交教案、课件、学案
	专题讲座	教学论文写作指导	工作室	任黎娜	准备一篇自己的论文，分享交流
	微课培训一	小影软件培训	工作室	任黎娜	提前下载软件、带手机支架
	月末小结	总结当月活动，商讨下月议题	工作室	任黎娜	提交小结（存在问题、提出下期活动构思）
4月	第二次成员会议	课题任务收集，微课评议	工作室	任黎娜	修改微课
	微课培训二	喀秋莎软件运用	工作室	黄文敏	提前下载软件、带手提电脑
	研讨课	微课应用课例研讨（同课异构）	龙岭学校	张芳 赵慧	每人设计一节微课应用课例
	野外实践、月末小结	浮山岭地质地貌考察，月末小结，下月议题	工作室	任黎娜	提交小结（存在问题、提出下期活动构思）
5月	第三次成员会议	前期工作小结、课题作业收缴、课题研讨	工作室	任黎娜	上交前期工作室活动心得
	微课培训三	微课制作技术讨论	工作室	任黎娜	上交一个精品微课
	送教下乡	科组活动经验总结、送课到校	待定	黄文敏 李美莲	提交活动简报

续 表

时间	主题	主要内容	地点	负责人	作业
5月	月末小结	总结当月活动、商讨下月议题	工作室	任黎娜	提交小结（存在问题、提出下期活动构思）
6月	第四次成员会议	课题任务收集，微课评议	工作室	任黎娜	修改微课
	读书活动	读教学类专著一本，交流心得	工作室	任黎娜	提前读书，分享成果和心得
	研讨课	微课应用课例研讨（复习课）	博雅中学	殷小强	提交课件、教案、学案，听课记录本
	学期末小结	布置假期课题任务、制订下学期工作计划	工作室	任黎娜	提交学期小结、活动资料、获奖证书等
备注：每周四下午3：00—5：00为工作室活动时间，有特殊安排再临时通知					

工作室活动的开展

学员学情调查

为进行有效培训，我们在培训活动前对每位参训教师做了学情调查，对个人情况、教科研情况、个人发展愿景、个人优势等做一个初步了解，在此基础上制订了符合学员个人发展的培训计划并设计了相应的培训课程，做到因材施教，体现了教师培训的“个人本位”理念。

2015年广东省中小学骨干教师省级培训跟岗学习计划表

主持人	任黎娜	主持人所在学校	茂名市行知中学		跟岗任务分配院校	华师、广二师
学段	学科	挂牌时间	跟岗时间	学员人数	学员姓名	备注
初中	地理	2016年5月30日	5月29日—6月10日	15	林伟强（广二师） 廖静（广二师） 梁文奕（广二师） 唐耀信（广二师） 吴金昆（广二师） 朱炽球（广二师） 朱博明（广二师） 严仕黎（华师） 蒋宁华（华师） 任淑花（华师） 黄海英（华师） 张艳（华师） 罗梅（华师） 莫春燕（华师） 邓雪玲（华师）	严仕黎放弃学习（学校不批）

任黎娜教师工作室跟岗学员情况登记表

姓名	吴金昆	性别	女	学历	硕士研究生	个人爱好		
职称	中学一级	博客（或微信关注号）			参加工作时间	2008年8月	现在任教年级和使用的教材版本	高一中图版
课例获奖	课件获广东省优秀奖							
课题研究（包括课题名称、立项和结题时间）	（1）2014年6月广东教育学会小课题《绘图对初中生地理读图能力提高的行动研究》结题获一等奖。 （2）2014年6月学校小课题《动手操作在初中地理教学中的实践研究》结题获一等奖。 （3）2015年6月学校小课题《初中区域地理教学策略研究》结题获一等奖。 （4）2015年9月广东教育学会小课题《反思性教学优化高一地理教学效率的行动研究》立项，2016年8月结题							
论文获奖	（1）《以绘图提高初中生地理读图能力"三步走"》发表在《学周刊》2014年第8期上。 （2）《运用绘图法解决空间问题》发表在《湛江教育》2014年第1期上。 （3）2014年教学论文获得广东省中学地理优秀论文三等奖。 （4）2015年论文获湛江市一等奖							
评优评先	2014—2015年获校先进教师称号							
发展愿景	教学策略更加灵活，以适应不同环境、学生、课堂内容。 课堂气氛融洽							
个人优势	（1）现有的课堂教学实践经验，能够胜任初中和高中地理教学工作，容易接受新事物和新观点。 （2）在校积累了一定的科研经验，具备一定的教育科研能力。 （3）能够运用现代信息技术，灵活有效地为教学服务。							
跟岗期间上公开课的课题内容	《澳大利亚》							

请于2016年5月15日前发到工作室公共邮箱。

跟岗学员信息总表

序号	地市	学段	学科	姓名	性别	单位	手机（电话）	E-mail	身份证号	QQ号码	跟岗主持人	跟岗成绩	跟岗阶段考勤情况
1	湛江市	初中	地理	林伟强	男	湛江市吴川市唐禄中学					任黎娜	86	全勤
2	湛江市	初中	地理	廖静	女	湛江市第五中学					任黎娜	95	全勤
3	茂名市	初中	地理	梁文奕	男	茂名市电白春华学校					任黎娜	98.5	全勤
4	湛江市	初中	地理	吴金昆	女	湛江市初级实验中学					任黎娜	94	全勤
5	茂名市	初中	地理	朱炽球	女	茂名市高州一中附属实验中学					任黎娜	92	全勤
6	广州市	初中	地理	朱博明	男	广州绿翠现代实验学校					任黎娜	99	全勤
7	湛江市	初中	地理	蒋宁华	男	湛江市二中海东中学					任黎娜	94.5	全勤
8	湛江市	初中	地理	任淑花	女	岭南师范学院附属中学					任黎娜	95	全勤
9	湛江市	初中	地理	黄海英	女	廉江市第二中学					任黎娜	92.5	全勤
10	茂名市	初中	地理	张艳	女	高州三中					任黎娜	91.7	全勤
11	江门市	初中	地理	罗梅	女	外海中学					任黎娜	96.6	全勤

有请假或缺席的跟岗学员名单如下。

姓名	请假天数	补课安排

备注：

跟岗学习期间，若有特殊情况，请假半天以内者，需由学员本人写请假条，交给广东省教师工作室主持人审批。请假一天的，请假条需由所在学校审批盖章后，交给广东省教师工作室主持人审批。请假一天以上两天以内者，请假条需由所在学校审批盖章后，由所属教育局审批盖章再提交给广东省教师工作室主持人。请假超过两天者或无故缺勤者，跟岗学习无效，取消培训资格，若确实有特殊情况者需有书面申请，由所在学校审批盖章后，由所属教育局审批盖章后提交到华师基础教育培训与研究院齐文涛老师处（020-85217213），或可发加盖学校公章的请假条扫描件至huashipx@126.com，由华师基础教育培训与研究院提交省教育厅批复。所有请假条及申请纸质版均由工作室主持人统一提交给华南师范大学基础教育培训与研究院复核

跟岗学员联系表

序号	姓名	性别	单位	手机	E-mail	QQ号码
1	林伟强	男	湛江市吴川市唐禄中学			
2	廖静	女	湛江市第五中学			
3	梁文奕	男	茂名市电白春华学校			
4	吴金昆	女	湛江市初级实验中学			
5	朱炽球	女	茂名市高州一中附属实验中学			
6	朱博明	男	广州绿翠现代实验学校			
7	蒋宁华	男	湛江市二中海东中学			
8	任淑花	女	岭南师范学院附属中学			
9	黄海英	女	廉江市第二中学			
10	张艳	女	高州三中			
11	罗梅	女	外海中学			

续 表

序号	姓名	性别	单位	手机	E-mail	QQ号码
12	任黎娜	女	茂名市行知中学			
13	黄文敏	女	茂名市行知中学			
14	吴金梅	女	茂名市龙岭学校			
15	张芳	女	茂名市龙岭学校			
16	李美莲	女	茂名市祥和中学			
17	殷小强	男	茂名市博雅中学			
18	赵慧	女	茂名市春晓中学			
19	徐海远	女	茂名市新世纪学校			
20	李明辉	男	茂名市行知中学			
21	曾宇沣	男	茂名市行知中学			
22	莫春燕	女	茂名市博雅中学			

任黎娜教师工作室学员培训手册的制订

广东省任黎娜教师工作室简介

广东省任黎娜教师工作室以课堂教研为主线，以协同教研为抓手，以课题研究为载体，以团队学习、同伴互助、独立实践为表征，以学术交流、教艺切磋、互动提高为基本宗旨，以实现教师专业发展为目标，以广东省信息技术中心网络平台为依托，在广东省教育厅领导下，使工作室成为“研究的平台、成长的阶梯、辐射的中心、师生的益友”。

一、我们的团队

广东省特级教师、广东省优秀地理教师、省级地理教材培训专家、茂名市名教师、茂名市行知中学教研室主任任黎娜老师领衔主持工作。工作室三位专家分别是施美彬（广东省教研院教研员，华南师大和广师大硕士生导师）、周靖（茂名市教研室地理教研员）、李明辉（茂名市行知中学）；工作室助理分别是黄越和柯思而（行知中学）；还有10位学员分别来自茂名市行知中学（黄越、黄文敏）、茂名市祥和中学（李美莲、陈德炯）、茂名市博雅中学（殷小强）、茂名市春晓中学（赵慧、何燕娜）、茂名市龙岭学校（吴金梅、张芳）、茂名市新世纪学校（徐海远），他们都是茂名市初中地理学领域的佼佼者。

二、我们的追求

在相互呵护中催发对事业的追求与教育的睿智，不断地认识自我、完善自我、超越自我，做践行师德的高尚者、课改的推进者、教研的探索者、教学的引领者、人文精神的撒播者。

三、我们的理念

读书，一种教师生活的行走方式。读书使教育教学思想不断得到洗礼，教育教学理论知识结构不断得到重塑，教育技艺得以升华。

倾听，一种教师生活的学习品质。耐心倾听，表达一份尊重；认真倾听，感受一份认同；含笑倾听，赢得一份信任；安静倾听，分享一份喜悦。

探究，一种师生互动的研究平台。地理是一片问题的海洋，充满着智慧和神奇的诱惑，高瞻远瞩，师生互动，做一位探究的引路人。

四、我们的策略

困惑驱动，问题打造：以探究的方式捕捉新课程教学问题，问题变话题，问题做课题，革新教学行为，占领教学新阵地。

专家引领，拾级而上：借专家的视野择高而立、平地而坐、宽处而行，在与专家的零距离接触切磋中，启迪教育教学智慧，更新教育教学理念。

示范观摩，博采众长：加强与同行的交流与切磋，以他人之长，补自己之短。

实践磨砺，协同共进：搭建展示才智的平台，在修炼中互补、互哺，共生、共长。

致学员的一封信

亲爱的学员们：

你们好！

“绿树阴浓夏日长，楼台倒影入池塘。”现在正是艳阳高照的时节，在这个万物勃生的时刻，欢迎同样具备着蓬勃活力的你们来到茂名市行知中学和任黎娜教师工作室跟岗学习！你们是一线教师队伍中的精英，是广东省中学地理教育方面数一数二的顶梁柱。你们在百忙之中抽空前来，参加为期13天的培训，我们深感荣幸！

13天说长不长，说短不短，为了让这个学习过程更加充实、更加有意义，我们针对学员的情况，为你们量身定制了一套细致化、高效率、实用性强的学习方案。在教学方法上，我们兼顾理论与实践，将两者完美结合，培训的方式紧跟时代的步伐，采取多种多样而且灵活创新的方式，诸如情景式、讨论式、案例式等，教学活动也将是丰富多彩的，不仅有传统的课堂教学，还会有专题讲座、教学座谈会、问题诊断等活动。我们做这一切的目的都在于增强学员之间的交流，让学员能够积极地参与培训，从而使得这次培训充满活力，提高培训的效果，让百忙之中抽空前来的诸位能够学有所成，不枉此行。也希望各位学员在培训之后，回到原岗位能够焕发出新的活力，带动地理教育事业的发展，为我省地理教育工作贡献更大的力量。

对于这次培训，我们有几点希望：首先是希望大家投入角色，暂时放下原来的身份、工作，全身心投入培训，最大限度地在此次学习中汲取经验知识；其次是希望进了这个团队，学员们能够秉承平等公正、团结合作、友好协商、互相交流、共同进步的精神，构建一种友好的亲密的团队关系；再次我们希望大家能够公开坦诚，将自己宝贵的经验与他人分享，在交流中将我们的培训内容推向更高更深入的层次；最后我们希望这次培训能够促成学术的进步以及推广，我们在地理教育探索路上的点点滴滴能够在他日汇成汹涌澎湃的江海。

在这充实而有意义的培训开始之前，为了让您在此次培训中更加顺利、愉快，让我们一起将以下共识牢记心中。

一、关于这次培训

虽然您是广大学员中的一位，但是您才是学习的主人，您的主观能动性能够给自己带来知识的同时，也能够带动别人，推动整个学习的进程，所以请积极参与培训，承担起自己的角色。

二、培训过程

您的学习不仅源自于手中拿到的材料，而且如果能随时关注自己所处的环境，您的所见所闻，都可以是学习的过程。我们更重视与学员的沟通、交流，思想的碰撞能够提供更多的经验，也能够让我们的探索、思考迈进更深的层次。

三、我们的培训班

我们的培训班不是单向的教师向学生授课的形式，而是开放的双向反馈的形式，所以作为学习环节中的一员，您的宝贵意见或问题疑惑，都应该向我们提出来，这也是学习的一个步骤，也将使我们的活动变得更加合理、有效。

四、我们的课堂

我们的课堂应该充满教师孜孜不倦的讲课声，充满学员对知识渴望的讨论声。这时，请让您的手机稍作休息，让您的美梦等待寂静的夜晚，让您吞云吐雾的表演留待课间。我们希望见到您准时踏入会场时精神的脸庞，而不愿听到您仓促而尴尬的迟到报告声。

五、全身心投入培训

珍惜这段时光，积极参与、踊跃发言，热心与其他学员交流、探讨，相信这段时间带给您的不仅是丰硕的知识果实，而且伴随而来的同窗情谊，也会使您受益匪浅。

各位亲爱的学员，由于各种不可预测的因素，这次培训可能会出现一些令人无法完全满意的情况，一是希望大家及时向我们提出，我们必定高度重视，积极改进；二是出现无法及时处理或解决的情况，希望大家抱着大度胸怀，多多体谅。

藏族古老的谚语说：两个聪明人在一起商量，就会生出更好的主张；黄和红两种颜色混合，就会变出另一种色彩。各位来到这里的学员，我们已经走到了一起，让我们的思想碰撞出更多的新主张，让我们自身鲜艳的色彩汇聚出五彩斑斓的图画！将这次培训办得有成效、有特色，让每一位学员，来时怀揣勃勃兴致，走时感觉意犹未尽。

最后，衷心祝愿您圆满完成学习任务，在求学的道路上愉快、舒心！

广东省任黎娜教师工作室

学员培训手册

一、培训目标

通过培训，帮助教师提升教育教学理论水平，提高课堂教学实践能力，探索教育教学规律，形成个性化的教学风格，使他们加速成长为在全省教育教学改革中能够发挥示范和引领作用的骨干教师，成为粤西各地市乃至广东省的学科带头人或骨干教师，在省内外有一定的影响并从面上带动地方地理教育教学的发展。

二、培训主题

培训主题为：帮助省骨干教师提高课堂教学和课题研究能力。

三、培训对象

培训对象为我省中小学地理学科中青年骨干教师。

四、培训地点

地点：广东省茂名市行知中学。

五、内容设计

内容设计秉承让骨干教师“在理论指导下提升，在持续学习中发展，在工作实践中成长”的理念，采用理论研修和实践学习相结合，导师引领与个人研修相结合的方式。

六、培训方式

1. 理论学习

每个学员和工作室成员每学期至少阅读一本教育教学理论专著，并撰写读书心得，发表到博客上。

2. 教学实践

培训期间每个学员至少上一节公开课，工作室成员每个学期至少上一节公开课，并积极参加评课活动，不断提高教学水平和教学能力，形成自己的教学风格，创造教学业绩。

3. 课题研究工作（初中地理高效课堂研究）

每位工作室成员和学员确立自己的研究课题，可以加入工作室的课题，研究相关子课题，也可以根据自己的研究方向，确立自己的课题。围绕课题，每个成员每年至少写作一篇教学论文，开发2个经典课例，并争取在市级以上的报刊上公开发表，或在市级以上的教研会议上交流，或获市级以上的奖励。

4. “互联网+”学习

工作室设有“博客”网页，每个成员和学员要积极为“工作室博客”撰稿，写出有较高质量的“博文”（包括教学论文、教学随笔、教学设计、教学反思、听课随想、读书笔记等），增加辐射范围。

七、培训特色

1. 强调以问题为本的学习

学员参加培训前应将自己在工作中遇到的问题带到培训课堂中来，与主持人和其他培训教师、培训学员共同探讨，寻求解决办法。在培训过程中，学员应该始终持有问题意识，要带着问题听课，带着问题评课、上课，带着问题参与讨论和研究。

2. 注重培养课堂实践能力

本次培训紧扣提升学员教育教学能力和课题研究这一目标，培训期间要求每位学员听评课不少于10节，上课不少于1节；通过集体备课、双向听课、说课评课、案例分析、课例开发、专题研讨、问题解决、课题研究等形式进行业务提升。

3. 注重实地考察和观摩学习

地理是一门注重科学考察和野外实践的学科，在跟岗学习期间，我们将安排学员进行地理野外科学实践活动，组织学员到茂名市初中名校去参观学习和听课、评课。

八、考核评价

1. 考核评价

考核采用百分制，学员达到90分方可结业。其中，每门课的考勤情况为20分，学习过程40分，学习成果40分。

考勤情况（20分）：学员迟到或早退5分钟以上、无故缺旷课，出勤成绩为0。

学习过程（40分）：由主持人和授课教师对学员在培训课程中的教学研讨，听课、评课、上课，座谈交流，跟岗学习等环节中的表现进行评价。

学习成果（40分）：对学员在培训期间完成的书面作业与教学实践作业进行评价。

2. 达成以上评价主要有以下措施

（1）应用“学员签到表”、《学员培训手册》等管理工具考查学员出勤情况和学员表现，观察学员的学习反应。

（2）应用“授课教师教学评估表”、《培训效果调查问卷》等评价工具，考查学员对培训教师和项目的满意度。

（3）培训结束时，以学员个人完成的课例、论文、课题研究成果、学习总结和小组完成的培训汇报等，考查学员的学习成果完成情况。

（4）培训后回访部分学员，调查学员对培训内容和成果的应用、收效等情况。

3. 学员的各项作业具体包括

（1）教学实践：听评课不少于10节，上课不少于1节。

（2）确定教育教学研究内容并开展研究工作，提交具体研究方案或教育教学研究开题报告。

（3）撰写1篇读书笔记，开发1节优秀课例（含教学设计、学案和上课录像），并根据该课例撰写1篇教学反思。

（4）撰写第二阶段总结（跟岗学习的体会和收获）。

（5）跟岗学习结束前，各个跟岗学习小组至少制作跟岗简报1期。

（6）开设个人博客，并在博客上撰写培训日志，记录收获、体会和读书心得，共享学习收获和体会。学习期间在工作室博客上发文至少一次。

九、跟踪指导

培训结束后，采取以下方法和手段进一步跟进与推动学员的后续研修活动。

1. 通过提供远程平台支持进行训后跟踪指导

（1）培训后及时上传培训课程资料，帮助学员对学习内容进行回顾与消化。

（2）定期组织学员开展在线主题研讨。

（3）组织学员进行在线学习成果运用交流。

2. 做好训后回访工作，深化培训的长期效果

通过电话、邮件、网上交流、下校指导等方式，由主持人对学员的任务实践情况和学员培训后的持续成长情况进行回访与指导，并收集反馈意见，为以后的培训提供依据。

十、培训管理要求

1. 纪律要求

（1）遵守考勤、请假制度，严格听课签到制度

每次上课必须由本人签到，不得代签或提前签到。跟岗学习期间学员一般不允许请假，若有特殊情况，需学员本人写请假条。跟岗学习期间，请假半天以内者，请假条由工作室主持人审批；请假一天的，请假条需由所在学校审批盖章后，交由工作室主持人审批；请假一天以上两天以内者，请假条需由所在学校审批盖章后，由所属教育局审批盖章后提交给工作室主持人；请假超过两天者或无故缺勤者，跟岗学习无效，取消培训资格。如确有特殊情况者需有书面申请，交由所在学校审批盖章后，由所属教育局审批盖章，提交到高校学科班主任教师处，由他们提交省教育厅批复。两天以内的请假条及申请纸质版均由工作室主持人统一提交给所属地区负责高校处复核。

（2）遵守课堂纪律

学员必须按教学日程安排提前10分钟到达课室，参与教学活动；班级讨论、参观都必须按课程表安排的时间、地点进行，不得擅自提前离开。学员要集中精力听课，认真做好课堂笔记。上课时，需关闭移动电话或调成静音状态，不随便进出，不吸烟，不看其他书报，以保持良好的秩序。

2. 学习要求

（1）按时完成各项作业。

（2）认真完成考勤记录和填写调查问卷。

（3）积极撰写培训日志，并发相关博文。

十一、共同体建设

1. 培训平台

	联系方式	备注
公邮		
QQ群		
博客		

2. 班委名单

职位	姓名	手机	电子邮箱
班长			
学习委员			
文体委员			
生活委员			
宣传委员			
一组组长			
二组组长			
三组组长			
四组组长			
五组组长			
六组组长			

续表

职位	姓名	手机	电子邮箱
七组组长			
八组组长			
九组组长			
十组组长			

3. 班委职责

（1）班长协助班主任统筹管理班级日常事务，负责学员考勤；协助班主任授课；协助教师开展讨论活动及读书会活动，引领其他学员认真完成各项培训内容；强化学员与授课教师的沟通交流。

（2）学习委员协助班主任发放、收取各类考核量表、档案资料、科研成果材料及其他所需资料，督促学员上交各类学习日记、考察报告等；调动培训班全体学员培训学习及活动的参与度及积极性；维护管理班级博客。

（3）文体委员组织学员进行课余文娱和体育活动，活跃班级气氛，把培训开展得更活泼、更有趣。

（4）生活委员负责组织和协调班级的集体生活安排，及时收集和反馈学员生活需求，收取各项费用等。

（5）组长组织小组成员每天及时填写“授课教师教学评估表”，在培训课程结束后交给行政班主任；积极组织本组人员参加班委组织的文娱活动、小组总结；每天安排本组人员在网络研修平台上撰写培训小组日志、体会或心得，并在研修平台开展活动；及时组织学员进行交流和小组总结。

4. 工作室成员名单

姓名	职称	单位	职务	电话	邮箱	工作室职能
任黎娜	高级	茂名市行知中学				主持人
施美彬	高级	原广东省教研院				高校专家
周靖	高级	茂名市教育局				专家
李明辉	中教一级	茂名市行知中学				技术专家
黄越	中教二级	茂名市行知中学				助理、学员
柯思而	中教二级	茂名市行知中学				助理

附录

茂名市市区地图

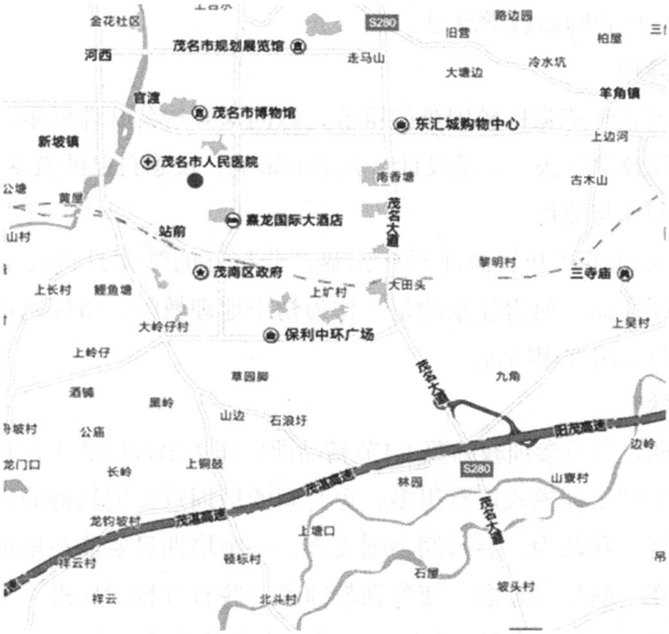

初中地理课堂教学研究

课堂教学

课堂教学是教师培训的重点，也是难点。如何在短时间的培训中提高教师的课堂教学水平，是每位培训者需要思考的问题。

在这一环节，我们采用了多种模式来完成培训任务：

1. 分组

组建学习互助小组，三人一组，在备课、听课、评课等活动中互相帮助。在分组时，我们会尽量把不同年龄、不同性别、不同电脑技术、不同教科研能力的教师安排在同一组，取长补短。

2. 常态课

培训初期，每位教师必须上1节常态课，所有教师听、评课，帮助每位教师提炼个人教学风格，找出教学中的优点以及存在的短板，提出整改意见和建议，并要求每位教师做教学反思。

3. 同课异构

选取地理教师感觉比较困难的章节，做同课异构公开课展示，听、评课，对比分析不同教学方法、活动设计对教学的影响，反思自己的教学行为。

4. 微课制作与应用

开设相关讲座并开展微课制作比赛，分析好的微课具备的基本特征，修改自己的微课作品。值得注意的是：作为初中地理教师，微课制作要注意科学性、趣味性与实用性相结合。

5. 精品课

培训后期，每位参训教师要上1节精品课，作为培训的成果汇报课。

课堂教学的培训模式还有很多，短时间的培训对参训教师的影响到底有多大，见仁见智。我认为，春雨润物细无声，一个培训只要能在培训的过程中潜移默化地改变一些教育理念，使参训教师多一些教育教学反思，会对他们有一些肯定和激励，它总会或多或少地影响教师未来的教学行为。

微课评审标准

姓名：________

一级指标	二级指标	指标说明
选题设计（20分）	选题简明（10分）	主要针对知识点、例题/习题、实验活动等环节进行讲授、演算、分析、推理、答疑等教学选题。尽量“小（微）而精”，建议围绕某个具体的点进行讲解，而不是抽象、宽泛的面
	设计合理（10分）	应围绕教学或学习中常见的、典型的、有代表的问题或内容进行有针对性的设计，要能够有效解决教与学过程中的重点、难点、疑点、考点等问题
教学内容（20分）	科学正确（10分）	教学内容严谨，不出现任何科学性错误

续表

一级指标	二级指标	指标说明
教学内容（20分）	逻辑清晰（10分）	教学内容的组织与编排，要符合学生的认知规律，过程主线要清晰、重点要突出，逻辑性要强，明了易懂
作品规范（30分）	结构完整（10分）	具有一定的独立性和完整性，作品必须包含微课视频，还应该包括在微课录制过程中使用到的辅助扩展资料（可选）：微教案、微习题、微课件、微反思等，以便于其他用户借鉴与使用
	技术规范（10分）	（1）微课视频时长一般不超过10分钟，视频画质清晰、图像稳定、声音清楚（无杂音）、声音与画面同步；微教案要围绕所选主题进行设计，要突出重点，注重实效。 （2）微习题设计要有针对性与层次性，设计合理难度、等级的主观、客观习题。 微课件设计要形象直观、层次分明；简单明了，教学辅助效果好。 （3）微反思应在微课拍摄制作完毕后进行观摩和分析，力求客观真实、有理有据、富有启发性
	语言规范（10分）	语言标注，声音洪亮、有节奏感，语言富有感染力
教学效果（30分）	形式新颖（10分）	构思新颖，教学方法富有创意，不拘泥于传统的课堂教学模式，类型包括但不限于：教授类、解题类、答疑类、实验类、活动类、其他类；录制方法与工具可以自由组合，如用手写板、电子白板、黑板、白纸、PPT、iPad、录屏软件、手机、DV摄像机、数码相机等
	趣味性强（10分）	教学过程深入浅出，形象生动，精彩有趣，启发引导性强，有利于提升学生学习的积极性、主动性
	目标达成（10分）	完成设定的教学目标，有效解决实际教学问题，促进学生思维的提升、能力的提高
总结		

新课程课堂教学评价表

姓名____________

评价项目	评价要素		评价结果 A	B	C
教学目标（10分）	1. 知识技能目标科学合理				
	2. 过程与方法目标准确、恰当				
	3. 情感态度与价值观切合实际				
教学内容（15分）	1. 围绕目标组织内容				
	2. 突出重点、抓准难点				
	3. 容量恰当、安排合理				
学生学习方式（25分）	1. 学生参与	（1）参与知识的发生、发展与形成过程			
		（2）参与的时间、空间、广度和深度			
	2. 通过观察、实验、猜测、验证、推理和交流，主动探究，获取知识				
	3. 自主学习，与他人进行合作与交流				
教师教学方式（25分）	1. 创造性地开发、使用教材，教学内容的设计、呈现具有多样性、开放性和挑战性				
	2. 善于创设问题，激发学生积极的求知欲望、好奇心与探究欲望				
	3. 面向全体学生，课堂气氛民主、和谐，课堂活动广泛，课堂交流充分、有效				
	4. 组织、指导学生积极开展自主探究、合作交流活动				
	5. 恰当运用教具、学具，恰当运用现代教育技术				
	6. 对学生的评价有利于促进学生的全面发展				
	7. 语言准确、规范、精炼，教态自然，板书工整、合理				
课堂教学效果（15分）	1. 学生对知识、技能的理解与掌握				
	2. 学生有条理、清楚地表达自己的观点				
	3. 学生在教学活动中获得积极的情感体验				
	4. 学生会用所学知识和方法提出和解决问题				
教学特色（10分）	1.				
	2.				
总评					

同课异构教师教学评价表

亲爱的同学们：

你们好！为了及时掌握教师授课情况，以便我们在后续教学过程中更进一步提高教学质量，我们编制了这份“同课异构教师教学评价表”。请您发表自己的意见。对每个方面，请给出您的评分，共分为5个等级：一是极不同意，二是不同意，三是不确定，四是同意，五是非常同意。即最高分5分，最低分1分。

您的意见与建议对于改进我们的教学工作至关重要，感谢您的支持与配合！

项目	具体内容	第一节	第二节
授课教师姓名			
教学内容	1. 精心设计教学环节，课堂时间安排、利用充分		
	2. 能抓住知识主线，层次分明，思路清晰		
	3. 重点突出，有讲有练，组织严密		
	4. 善于使用各种教学手段、工具，如多媒体、网络等		
教学过程	5. 讲授主题清晰，概念准确，讲授详略得当		
	6. 教师的教学思路适合我的学习		
	7. 调动了学生学习的积极性，学生思维处于积极状态		
	8. 授课能启发思维，激发思考		
	9. 语言准确、清晰、规范，逻辑性强，形象生动		
	10. 教法灵活，注重启发引导，注意因材施教		
	11. 课堂活动丰富多样，注意培养学生的能力		
教学效果	12. 听得懂，新知识巩固率高		
	13. 有启发，学生学习能力有明显提高		
	14. 课堂中渗透的知识对学生的学习很有帮助		
	15. 学生能参与到课堂当中，提高了学习地理的兴趣		
意见或建议（若位置不够，可写在背面空白处）			

常态课分组

分组	姓名	学校	联系电话
1	朱博明	广州绿翠现代实验学校（广二师）	
	张艳	高州三中（华师）	
	吴金昆	湛江市初级实验中学（广二师）	
2	廖静	湛江市第五中学（广二师）	
	梁文奕	茂名市电白春华学校（广二师）	
	任淑花	岭南师范学院附属中学（华师）	
3	蒋宁华	湛江市二中海东中学（华师）	
	黄海英	廉江市第二中学（华师）	
	朱炽球	茂名市高州一中附属实验中学（广二师）	
4	罗梅	外海中学（华师）	
	莫春燕	茂名市博雅中学（华师）	
	林伟强	湛江市吴川市唐禄中学（广二师）	

地理第二课堂活动

基于地理学科实践性的学科特性，地理核心素养教育成为培养学生核心素养的重要途径。李家清在《核心素养：深化地理课程改革的新指向》一文中指出："地理核心素养应是在'地理素养'的基础上，更加关注个体适应未来社会生活和个人终身发展所必须具备的关键素养。"地理核心素养体系包括人地观念、区域认知、综合思维、地理实践力。

初中地理学科作为小科种教学，课程设置一般在一周2～3课时，教学内容多，教学时间少，作为对课堂教学的有效补充，学校引入了地理社团或地理第二课堂等活动，来弥补课堂教学的不足，在调动学生的学习热情、提高学生地理实践力方面起到了积极的作用。基于此，开展地理第二课堂教学研究，是我们初中地理教师培训中必不可少的一个环节。

由于培训时间短、容量大，我们主要采取了"地理简报制作""地理社团活动”和“地理野外考察”三种不同的形式来开展这项培训。通过这三种形式，给各位参训教师展示了室内、校内、野外三种不同的地理实践活动的教学方式，展示了不同环境下的地理实践活动开展模式。

广东省任黎娜教师工作室跟岗学习

——学生地理野外考察安全预案

为了预防学生在外出活动时出现突发事件，能够及时、迅速、高效、有序地做好应急处理工作，保障外出师生人身安全，根据市教育局通知精神，结合我校的实际，制订本预案：

一、安全管理

1. 用车安全

（1）师生前往和返回车辆由学校安排或找正规旅行社提供。

（2）租用经交管部门审验并且注重安全、信誉度高的单位的车辆。

（3）车辆驾驶员必须有较高的个人素质，证照齐全，身体健康，并应监督驾驶员不得在开车前饮酒或疲劳驾驶。

（4）所租用的车辆必须干净、整洁、卫生，应确保座椅、车窗、车门等无安全隐患。

2. 乘车安全

（1）乘车人员就座后开车前要明确乘车要求，强化所有人员的安全意识。

（2）队伍行进中，注意往来车辆，防止掉队。上下车后应整队，清点人数。

（3）上车后车窗拉开不得超过20厘米，乘车人员不得将头、手伸出窗外。

（4）及时、妥善处理好活动人员晕车、呕吐等特殊情况，上车前应安排晕车人员靠窗就座并准备好塑料袋。如遇陡坡、急弯路段应事先提醒大家不要在此时吃东西、喝饮料、看书、玩游戏。

（5）下车时车辆停稳后，组织好秩序方可告之驾驶员开车门。

（6）确保乘车人员安全下车，到达安全位置后可告诉驾驶员移动车辆。

（7）车辆发动行驶后，不允许任何一位学生在车厢里嬉戏打闹。

3. 活动前的安全

（1）在活动开展前，必须对外出师生进行活动安全教育，强调组织纪律，使学生明确活动目的和过程，了解活动要求和注意事项，清楚紧急情况的一般处理措施。

（2）参与活动的所有人员应按时到指定场地乘车出发，不允许迟到。

（3）准备一定量的塑料袋，以备应急。

4. 活动中的安全

（1）活动过程中不得私自外出、离队，有事要离开需请假征得同意。

（2）参观过程中，每一个人都要增强安全意识，不到危险之地，不做危险之事，相互照应，相互帮助。

（3）在参观途中不允许追逐、嬉戏打闹，尽量避免在景点购买物品、纪念品，遵守团队活动秩序，遇事多商量，集体行动。

（4）如发生意外情况马上通知活动责任人，能做紧急处理的立即处理，必要时到医院就诊。

5. 活动后的安全

每一项活动结束后应及时清点学生人数，组织学生有序离开参观地，并将活动设施恢复到使用前状态。

二、活动时间及流程安排

1. 活动时间

2016年6月4日上午。

2. 流程安排

（1）上午8：30出发。

（2）上午9：00—10：30参观露天矿生态公园。

（3）上午11：30返校。

三、组织保障

活动成立领导小组，由任黎娜老师任组长，工作室成员和学员为成员，具体负责本次活动的工作安排和全程的安全工作，其中工作室成员（任黎娜、李明辉、黄文敏、曾宇洋老师）负责本次活动的全程管理并担负安全责任。

茂名市行知中学

2016年5月30日

茂名市行知中学初二部分学生集体外出实践活动方案

广东省任黎娜初中地理教师工作室在省级骨干教师跟岗培训期间，为教学教研需要，同时也为开阔学生视野，增长知识，让学生走出课堂，决定于2016年6月4日上午8：00—11：00组织初二年级部分优秀学生进行一次外出研学实践活动。具体安排如下。

一、时间

2016年6月4日（星期六）。

出发：上午8：15学生在篮球场集合，8：30乘车前往露天矿生态公园。

返回：上午10：40集合，10：50准时发车返回。

二、地点

露天矿生态公园。

三、参加对象

初二年级部分学生约40~50人，工作室成员、学员、专家约25~30人。

四、组织领导和带队安排

1. 外出活动领导小组

组长：任黎娜。

副组长：李明辉、曾宇洋、黄文敏。

成员：工作室专家、成员和学员。

2. 学生带队安排

曾宇洋、黄文敏。

五、车辆乘坐安排

旅行社安排。

六、活动要求

1. 教师方面

（1）班主任在活动前要将活动提前告知家长，并充分了解学生的身体状况。对参加活动的学生做好分组工作，落实好各组的负责人。外出前对学生进行一次有关外出活动时安全、法制、纪律、文明、卫生等方面的教育。

（2）出发时和活动结束上车前，在集合地点各小组清点人数，上车后各车辆清点车上人员，保证准确无误。

（3）行车时，带队教师要密切关注学生：头、手不得伸出窗外；不得在车内走动；随时为身体不适者和晕车者提供保护。

（4）到点停车，下车的程序是：带队教师先下，确保交通安全后，再让学生有序下车。

（5）如出现交通事故或意外情况，责任人拨打110报警电话，并及时向学校报告出事地点及详细情况，同时组织安全人员实施自救。

（6）如遇车厢内发生意外，带队教师必须负起或指挥，或施救，或报告之职责，不得延误时机，更不能丢下学生不管。

（7）确保乘车人员安全下车，到达安全位置后方可告之驾驶员移动车辆。

（8）学生开始活动时要明确告知学生返回时集合的时间和地点，防止延误返回时间。学生活动过程中，能及时掌握学生的去向和活动情况，有意外情况及时上报，并服从领导小组的决定和安排。

（9）活动过程中教师要保证联系通畅。

2. 学生方面

（1）按要求参加活动，在指定地点和规定时间集合、上车。如有特殊或意外情况需及时或提前告知带队教师。

（2）乘车过程中，按指定车辆就座，不在车厢内走动，不将头、手伸出窗外。上下车不争先恐后，听从带队教师指挥。下车时带走所有个人物品，包括垃圾。

（3）活动过程中相互照应，相互帮助，遵守团队活动秩序，遇事多商量，集体行动。杜绝内部矛盾甚至“单飞”，有意外情况及时联系带队教师，并报告具体情形和位置。

（4）尽量避免在景点购买物品；不食用不卫生的食物。

（5）及时返回集合地点，不因为个人问题而影响整个团队的返回。

（6）整个活动过程中做到安全第一，文明有序，讲究卫生，展示茂名市行知中学学生的风采。

（7）活动结束后，每位学生上交一张活动照片，并写活动报告（500字），上交给任黎娜老师用于存档。

茂名市行知中学

2016年5月30日

学生集体外出实践活动安全责任书

为教学教研需要，同时也为开阔学生视野，增长知识，让学生走出课堂，决定于2016年6月4日上午8：00—11：00组织初二年级部分优秀学生进行一次外出研学实践活动。具体安排如下：

一、时间

2016年6月4日（星期六）。

出发：上午8：15学生在篮球场集合，8：30乘车前往露天矿生态公园。

返回：上午10：40集合，10：50准时发车返回。

二、地点

露天矿生态公园。

三、参加对象

初二年级部分学生约40～50人，工作室成员、学员、专家约25～30人。

四、活动由茂名市国旅负责全程安排

购买相关意外险。有关负责人已经明确告知学生相关安全要求以及注意事项，为此研学的同学要做出如下保证：

（1）在研学过程中严格遵守国家法令和校纪校规，不参与任何违法犯罪活动，不擅自离队，不单独活动。如果有特殊情况不与同学们一起活动或返校，必须向带队老师申请。带队教师同意后方能单独活动（在申请中明确单独活动的原因、返回时间、联系电话等，同时明确单独活动期间发生的任何事故后果，由单独活动学生以及家长自己负责）。

（2）在活动的过程中，一切行动听从老师和活动组织者的指挥，时刻把安全放在第一位，不到有危险的地方去。

（3）活动时学生在老师和负责人的带领下有组织、按顺序依照指定路线认真开展活动、参观。带队负责人和外出活动的学生实行点名制度，并及时向带队老师汇报学生活动情况、安全状况。

（4）在活动中遵守纪律，遵守时间安排，准时在指定地点集合出发，并安全准时地在返回指定地点集合和返回，确保安全返校。

此次外出实践活动已经取得学生家长的同意，如违反以上条例，发生安全意外，责任自负。

以上条款请详细阅读。

学生身份证号码：____________________

家长：是否同意以上条款____________________

家长签名：____________________

学生签名：____________________

任黎娜教师工作室

2016年5月26日

参加实践活动学生信息表

班别	姓名	家长联系电话	身份证号码
初二（1）班	吴炭铭		
初二（1）班	温翰奇		
初二（1）班	杨佩佩		
初二（2）班	陈立邦		
初二（2）班	陈铭杰		
初二（2）班	张忠秀		
初二（3）班	张冬茹		
初二（3）班	何丽仙		
初二（4）班	彭冠杰		
初二（4）班	陈运杰		
初二（4）班	杨卓霖		
初二（4）班	苏杰文		
初二（4）班	张金玲		
初二（4）班	万文锋		
初二（4）班	樊梓慧		
初二（5）班	冯国容		
初二（5）班	谢琪		
初二（5）班	黄国峰		
初二（6）班	张佩茹		
初二（6）班	邓韵静		
初二（6）班	李利臻		
初二（6）班	麦建辉		
初二（7）班	吕郸劭		
初二（7）班	朱泳婷		
初二（7）班	叶广萍		
初二（8）班	黄笑天		
初二（8）班	吴梓枫		

续 表

班别	姓名	家长联系电话	身份证号码
初二（8）班	林金巧		
初二（8）班	梁绮绮		
初二（9）班	黄明朗		
初二（9）班	陈良悦		
初二（9）班	郑子善		
初二（9）班	谭铃津		
初二（10）班	陈杰章		
初二（10）班	邓禧龙		
初二（10）班	何冠廷		
初二（10）班	邹钰瑶		
初二（11）班	陈彤		
初二（11）班	叶宇聪		
初二（11）班	陈广胤		
初二（11）班	陈宇杰		
初二（12）班	林泓熹		
初二（12）班	谢柳新		
初二（12）班	叶颖堃		
初二（12）班	周霖洁		

地理简报分工表

班别	姓名	班主任	内容要求	时间
1	吴金昆	黄晓光	主题：“极地地区” 前后两桌为一组（4人），文字（手抄）、图（贴图、手绘），准备两张8开白色卡纸、彩笔	周三下午 4：10—4：50
2	朱博明	陈海莲	主题：“四季” 前后两桌为一组（4人），文字（手抄）、图（贴图、手绘），准备两张8开白色卡纸、彩笔	周三下午 4：10—4：50

续 表

班别	姓名	班主任	内容要求	时间
3	张艳	罗远霞	主题："水资源" 前后两桌为一组（4人），文字（手抄）、图（贴图、手绘），准备两张8开白色卡纸、彩笔	周三下午 4：10—4：50
4	任淑花	黄越	主题："水资源" 前后两桌为一组（4人），文字（手抄）、图（贴图、手绘），准备两张8开白色卡纸、彩笔	周三下午 4：10—4：50
5	廖静	王瑞贞	主题："环境保护" 前后两桌为一组（4人），文字（手抄）、图（贴图、手绘），准备两张8开白色卡纸、彩笔	周三下午 4：10—4：50
6	朱炽球	黎锦兰	主题："我们可爱的家乡" 前后两桌为一组（4人），文字（手抄）、图（贴图、剪纸、手绘），准备两张8开白色卡纸、彩笔	周三下午 4：10—4：50
7	蒋宁华	陈程德	主题："西亚" 前后两桌为一组（4人），文字（手抄）、图（贴图、手绘），准备两张8开白色卡纸、彩笔	周三下午 4：10—4：50
8	梁文奕	苏喜	主题："艺术之都——法国" 前后两桌为一组（4人），文字（手抄）、图（贴图、手绘），准备两张8开白色卡纸、彩笔	周三下午 4：10—4：50
9	林伟强	蒙艳艳	主题："学校到家的交通图" 前后两桌为一组（4人），文字（手抄）、图（贴图、手绘），准备两张8开白色卡纸、彩笔	周三下午 4：10—4：50
10	罗梅	戴敏思	主题："奇妙的欧洲西部之旅" 前后两桌为一组（4人），文字（手抄）、图（贴图、手绘），准备两张8开白色卡纸、彩笔（上网收集西欧国家的资料）	周三下午 4：10—4：50
11	黄海英	庞柳清	主题："保护绿化环境" 前后两桌为一组（4人），文字（手抄）、图（贴图、手绘），准备两张8开白色卡纸、水彩笔、铅笔、蜡笔。每组搜索保护环境的宣传语	周三下午 4：10—4：50
12	般小强	卢文辉	主题："法国" 前后两桌为一组（4人），文字（手抄）、图（贴图、手绘），准备两张8开白色卡纸、彩笔	周三下午 4：10—4：50

续 表

班别	姓名	班主任	内容要求	时间
13	莫春燕	吕艳	主题："天气与气候" 前后两桌为一组（4人），文字（手抄）、图（贴图、手绘），准备两张8开白色卡纸、铅笔、水彩笔。①分组绘制未来一周的天气变化图；②描述今天的天气预报；③绘制茂名的气候气温曲线和降水柱状图（按照亚热带季风气候绘制就行）	周三下午 4：10—4：50
14	张芳	余华翠	主题："日本" 前后两桌为一组（4人），文字（手抄）、图（贴图、手绘），准备两张8开白色卡纸、彩笔	周三下午 4：10—4：50

附录1

广东省任黎娜地理名师工作室简报

（第6期）

在炎热的天气下，第一期培训迎来了第一个周末，这并不意味着学员们可以松一口气。相反，今天是意义非凡的一天，因为今天将在任黎娜老师的带领下，在周顺彬教授的讲解下，茂名市行知中学初二部分学生将进行户外地理活动，这是对传统教学模式的一种突破。

本期主要简介：参观露天矿生态恢复区；参观高州根子荔枝园。

一、野外考察

今天上午，工作室组织初二部分学生到露天矿生态恢复区进行野外考察。这在现今教育教学迫于安全责任巨大不敢踏出校园一步的现状之下，的确是一次重要的突破。

为了保障活动全程的安全，我们对参加的学生进行了分组，每一组各有一位工作室学员教师作为带队教师，全程陪同监督并指导学生进行户外地理学习。此外，任黎娜老师还再三强调了相关的安全问题。

任黎娜老师强调安全问题

在到达目的地之后，活动分为三个流程，首先是任黎娜老师介绍茂名的人文历史，包括茂名的历史起源，以及露天矿油页岩的开采到停产的历史。学生深刻认识到了自己生长的故乡的相关事迹，加深了他们的乡土情怀。其次是省专家周顺彬教授对露天矿进行语言幽默，内容充实的讲解，从6000万年前开始追溯露天矿的前身，谈到国内外对于废弃矿坑的改造等，引出此次考察的作业——各小组自由发挥，可以制作地理标本、研究等高线、植物等。最后就由各组带队老师，带着学生围绕矿湖进行考察。

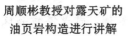

周顺彬教授对露天矿的油页岩构造进行讲解

带学生围绕矿湖进行考察

此次活动，形式多样、内容充实，最重要的是意义非凡。对于初中学生而言，这种实地考察的机会十分难得，考察的地点是自己生长的故乡，请来省级专家学者，是经验丰富、幽默风趣的周顺彬老师，这些都会给孩子们留下难忘的记忆！

二、实践活动

今天下午，在结束了学生的野外考察活动之后，工作室成员以及学员，抵达高州根子镇，对茂名的经济农业进行野外实践活动，主要是针对茂名的特色水果——荔枝的生产进行科学考查。

采摘荔枝

首先，成员和学员们来到了观荔阁，在当年江泽民总书记亲手种下“中华红”荔枝树处，登高望远，整体欣赏了根子荔枝漫山遍野的壮阔景象，考查茂名高州荔枝生产的地理要素。

其次，到达贡园了解荔枝的生产历史。传说这里因是唐朝进贡荔枝给唐玄宗的荔枝采集地而被称为贡园，里面有三四十棵树龄高达几百岁的荔枝古木，有些树更是高达1300年树龄。

最后，来到荔枝果园。成员、学员们自己动手进行采摘，亲身体验荔枝果农的感受。

2016年6月4日

附录2

成果展示

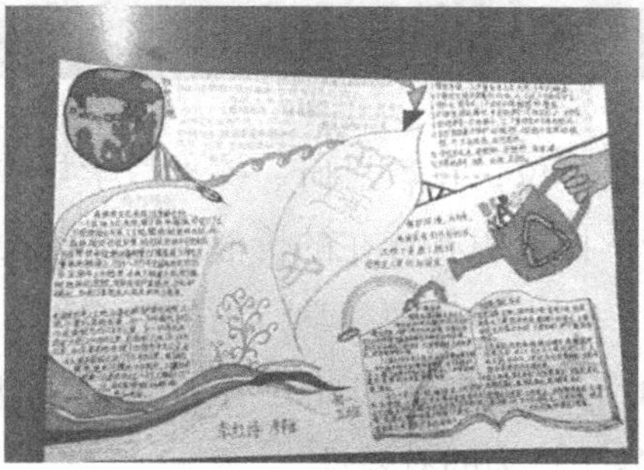

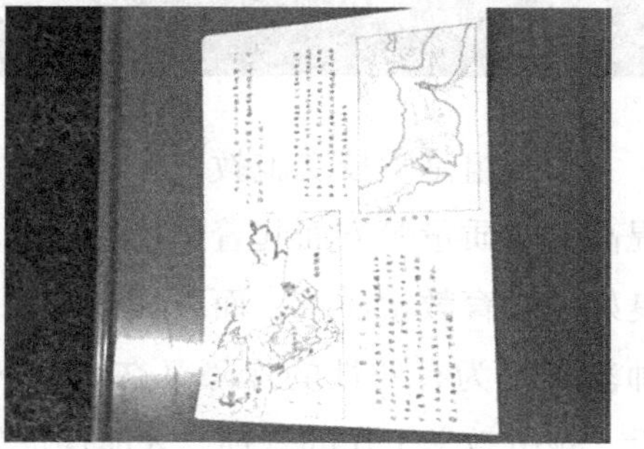

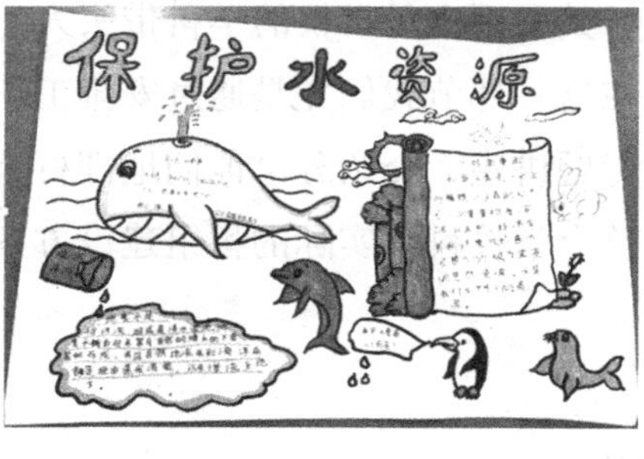

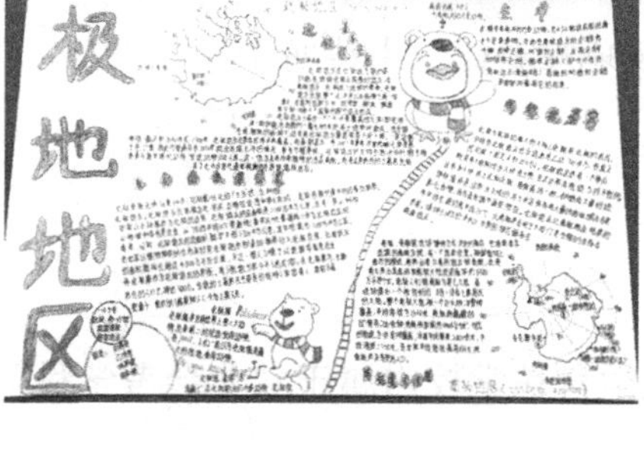

各个主题的简报

地理科组建设

学科组是学校实施教育教学工作的基层单位，在教科研、探索教学规律、提高教学质量等方面起着重要作用。一所学校要想有存在的价值，就必须要有良好的教育教学质量，而教学质量的提升，取决于教师教学行为的有效性。教师教学行为有效性的保障又在于学科组的有效管理，因此只有加强学科组建设，规范教学工作的管理，才能保证教师教学行为的有效性。

鉴于参训教师都是广东省级骨干教师，其中不少是学校的学科带头人，所以地理科组建设成为培训的又一个环节。在这一环节我们先是通过安排工作室成员吴金梅老师开设《地理科组建设》的专题讲座，介绍分享他们地理科组的建设与管理经验，然后组织参训教师做出符合学校科组实际的科组建设方案，再进行交流探讨。

学科建设发言

广州市绿翠现代实验学校地理科组　朱博明

一、学科建设现状

1. 学科地位建设

由于广州市中考不考地理，所以地理学科在学校内属于“非会考学科”，长期以来不受重视，没有独立科组，导致校内教研活动缺乏针对性，流于形式。近年来，为了改变这一状况，学校通过以下三方面措施提高地理的学科地位：

（1）与思品学科分离，与历史合并为文科综合科组，并细分两个备课组，各自独立集体备课。

（2）由教导处制定学期非会考学科校内统考、统改、统登制度，期末考试监考要求参照会考学科，大大提高了期末考试的严肃性和规范性。

（3）大力推动学科竞赛辅导活动（天文、地图、地理奥赛），学科全体教师分工合作利用课余时间和校本课程对学生进行细致辅导，取得了良好的成绩。

2. 学科队伍建设

目前科组内有教师4人，其中高级职称2人、中级职称1人、初级职称1人。除了日常工作以外，积极参加各类外出学习培训活动：推荐中级职称的周老师参加区地理中心组进行锻炼，推荐初级职称的黎老师参加区地理教师学习班，推荐高级职称的陈老师、朱老师参加省骨干教师培训班，让科组内的所有人都能就近发展、持续发展。

3. 教研活动方面

积极认真地按照学校要求，进行集体备课和科组教研活动。每学年科组内每个人都能完成至少一次公开课，认真进行听、说、评课的工作，并及时完成教学设计、学案制作、课件制作、教学反思的任务。

二、学科建设展望

1. 大力推动地理学科校本课程建设

通过本次跟岗学习，我意识到地理学科的校本课程发展空间是巨大的。我要和科组内的其他教师一起，发挥创意，开发各种有浓厚地理学科特性的地理精品课和地理校本课程，以此拓展学生的学科能力，激发学生学习地理的兴趣。

2. 大力推动地理学科的科研课题建设

虽然科组内的两位高级教师都参与过各级的课题研究工作，但是这些课题研究都不能扎根科组，发挥科组内全体人员的力量，也不能成为科组发展的有效动力。因此，我要和科组内的其他教师一起研讨适合学科发展需要的课题研究方向，并申报、立项学科核心课题，通过具体的课题研究推动学科的有效发展。

江门市外海中学地理科组的建设材料汇报

江门市外海中学　罗梅

各位领导、老师们：

大家好！下面我将我所在的江门市外海中学地理科组建设的现状和今后科组建设的一些想法跟大家交流探讨。

一、地理科组的现状

外海中学地理科组现共有教师10人，高中部6人，初中部4人，均为大学本科以上学历。其中高级教师3人，一级教师2人，二级教师5人，其中有地理专业教师7人，研究生1人。科组中老、中、青教师都有，大部分都是中青年教师，是一支朝气蓬勃、具有一定教学科研能力的团队。由于地理科相对于语数英等科目来说是小科目，成员构成人数较少，学校领导不够重视，特别是初中地理，教师大多为非专业，且流动性大，加上学校教研制度与文化尚不够健全，等等，科组建设的有些内容形同虚设，流于形式，科组的凝聚力不够。在如此大小环境之下，我校教研组建设虽取得了一定成绩，如论文的发表、课题研究、乡土地理的教材编写、教师参加各类竞赛获奖等，但也存在不少问题。如何在现有成绩的基础上，进一步创新教研形式与内容，提高地理教研活动的绩效？下面谈谈我的反思与展望。

二、今昔对比，展望未来

1. 把教学教研活动落到实处

以往要求在教研活动中，每周科组活动至少一次，每人每学期听课至少20节。但这些规定只是流于形式，多数教师都是应付式的完成。我认为以上这些制度都很好，在今后的工作中，要加强监管，把每项工作都落到实处。此外，每个教师每学年都要认真上好至少1节公开课，每学期撰写至少1篇论文或教育教学经验总结，制作至少1个课件。目的在于加强教研探索，实现能力提升。

2. 强化集体备课，提升教学效率

长期以来，集体备课只是写出来的。今后要改变假、大、空的做法，制订

备课的具体流程：以单元为模块，分析教材，抓住重难点，设置一些教学活动或制订教学策略，有效地指导课堂教学。把集体备课落到实处，以带动教学效率的提升。

3. 落实到课堂，提高教学成绩

教研组确立“以研促教、高效课堂”的指导思想，在课堂教学中实施“学生为主导、教师为引导”的课堂教学模式，让地理课真正走进学生心里，切实提高课堂教学效率，促进地理中考成绩的提高。

4. 集思广益、资源共享

过去，由于成绩与绩效挂钩等原因，许多好的资源不能共享。今后，我们每年要把各自的课件设计、习题、测验卷、教学设计等资料放到学校网站上，建设完善的资源库，使各位教师可以自由下载使用。每年还要对资源库进行修改补充，不断优化更新。每学期的练习、测验、复习卷都要共同研究探讨、分章落实个人设计，然后全年级统印，学生人手一份，做到集思广益、资源共享。

5. 团结协作，增强科组的凝聚力

地理教研组要营造一种组内气氛融洽，人际关系和谐，教师之间互相帮助，互相关心，互相促进的良好风气。每学年的师徒结对都要有计划、有反馈，工作落到实处。青年教师能虚心学习，积极进取，而老教师应毫无保留地把教育、教学经验传授给其他教师，达到共同进步的目的。

6. 课外活动、收获丰富

在此之前，教师参加的活动较多，但教师辅导学生的活动很少。今后要改变这种状态，争取学校领导的更多支持，多组织学生参加地理小论文、小制作评比活动，积极参加地理奥赛，开展环境教育第二课堂活动，开展防震减灾等一系列地理知识讲座、地理主题图片展等课外活动。

地理科组建设计划

茂名市电白春华学校　梁文奕

下面我将就我们科组在成长历程、科组建设、备考等方面的一些做法跟大家交流探讨。

一、科组基本情况

地理科组现共有教师13人，其中高级教师4人，一级教师5人，全部是地理专业教师，科组中老、中、青教师都有。我们地理科组是一支蓬勃向上、团结协作、务实进取、开拓创新，具有教学科研实力的和谐团队。我们科组确立了“以研促教、高效课堂”的指导思想，刻苦钻研业务，团结协作，在中考、教研、研究性学习、第二课堂等方面都取得了优异的成绩。

二、科组建设的做法

1. 以校为本，扎实开展校本教研

科组教研活动定时、定点、定人员，每周有序开展形式多样的校本教研活动。研讨的形式多种多样，除了邀请专家到校指导外，还提供书籍让指导教师“阅读”进行自我培训；让骨干教师率先“研读”组织交流的培训；指导教师根据研究专题轮流担任科组活动学习的主讲人等。全员参与科组教研，实现了点面的结合，全面提升了科组指导教师的指导水平，促进了教师的专业成长、成熟。

2. 坚持“走出去”，互通有无

为了加强综合实践活动对教师的专业素养的指导，力争能从理论和实践两方面有显著的提高，学校坚持采用“走出去”方针，多次组织教师到示范学校参观，听取优秀经验做法，同时，积极参加全国、市、区教学研讨活动。

3. 借助网络平台，实现跨校际交流

网络研讨打破了时间和空间的限制，既可以实现跨校际的研讨，又可以打破定点定时条件的限制，实现资源共享、思想交流。近两年来，我们着力打造网络学习交流的平台，营造科组网络教研的研讨氛围。

4. 重视成果积累，完善档案管理

科组建立了规范的纸质档案，与电子档案相结合。档案资料主要是课程管理类、课程实施类、实施效果类三大类的资料，并制定了档案管理制度，落实资料具体的归档时间、内容，还建成了科组综合实践活动网页，使活动中的过程资料得以及时的保存和共享。

关于地理教研组建设的思考

湛江市初级实验中学　吴金昆

一、教研组的地位和作用

教研组是在学校统一管理下，学科教师集体进行教学研究的基本组织。学科教研组的健全程度和工作水平，直接关系到学校教学质量的高低。教研组的主要任务是研究教育教学工作，研究学科的教材教法和教学规律，研究学生学习并对本学科教学工作实施管理。学校教研组的功能是：通过集体的协商与研究，来提高本学科教师的专业能力，达到提高教学工作质量的目的；教学研究的过程的意义在于发挥与汇集每个教师的个人智慧，以有效地帮助其他教师提高教学质量，发挥年级组与教研组在教学质量提升、调控等方面的整合功能，使年级组和教研组工作科学化、智能化、规范化，完善并加强备课组建设，总结出一套备课组建设的经验。

二、现状分析

（1）目前，我校地理教研组拥有教师6人，其中高级教师2人、中级教师3人、初级教师1人，市级骨干教师1人，师资力量较强，都是有着丰富的教育教学实践经验的一线教师。他们中最少的也有3年的教学实践经验，教学中都能独当一面，尤其是高级教师还起到了引领示范作用。但是，教师层次搭配不合理，年龄梯度及平均年龄偏大，40岁以上的教师5人，30岁左右的教师1人，平均年龄40岁。

（2）我组教师是一支互帮互助，资源共享，教学研讨气氛浓郁，整体意识强，人际关系和谐的教研队伍。教学工作中，基本功扎实，教学经验丰富，并能充分发挥各自优势，形成了各自独特的教学风格；教育工作中，既教书育人、为人师表，又对学生“亦师亦友”和蔼可亲，各项工作都任劳任怨，善于接受新观念，并敢于创新改革。另外，全组教师在信息技术和网络资源的运用方面积极性很高，并且进行了多方面的有益探索，积累了丰富的教学资源素材和技能经验（教案、教学参考资料、课件及视频的收集和制作）。在长期的教育教学磨炼中，各自都有收获。

三、存在的问题

（1）组内教师的知识结构需要进一步更新完善，要提高对本学科前沿知识的关注程度，尤其在信息技术与学科有效整合方面，需要在技术和理论上做进一步的提高，特别需要专家的指导和引领。

（2）教科研方面及团队合作有待加强，在选题方面需要关注在课改和学习方式的变革等新形势下教育教学中出现的一些新探索，要善于发现一些普遍性的焦点问题和领域，以便选好题，提高课题申报通过率。

（3）新课改带给了我们新理念、新方法、新尝试、新探索，同时，也带给了我们新困惑、新难题、新机遇、新挑战。首先是教学进度与难度的把握；其次是教材的大容量、高难度与学生认知水平的矛盾；最后是不同版本教材的叙述和教辅资料的使用困惑。这些都急需教师的探索和专家的指导。

（4）长期以来，组内教师忙于适应和完成大量的基础教学工作，把大量时间用于熟悉、探究初中教学和把握中考的动态研究，对教育教学理论的学习不够深入，一些非常好的教育教学经验不能及时形成文字加以整理和发表，导致在课题研究、论文写作发表上存在明显不足。

四、规划目标

1. 发展总目标

将我校地理学科教研组建设成在新课程教学、研究方面独具特色的优秀教研组。以地理新课程建设为中心，增强研究意识，改进和完善教研方式，逐步形成民主、开放、务实、高效的教研机制。

2. 具体目标

（1）教育教学目标

通过5年的努力实践，将本教研组建设成学科专业学习的共同体，完成三大任务：全面提升全组教师地理教育教学质量、地理科研课题的研发能力及论文写作和发表档次、精品课堂教学和分析评价模式。在完成三大任务的过程中，以提高学生的地理科学素养为方向，追求有效课堂、有效训练，探索提高课堂教学效率的途径和方法，进一步提高地理教师的专业素养，倾力打造品牌名师，提高学科组的知名度与影响力。

（2）教师发展蓝图

目前，我校地理教师学历全部为本科，合格率100%，下一步要鼓励年轻教师进行研究生课程的学习培训，使地理组整体专业知识水平有所提高。5年内最好能培养出1名优秀的学科带头人，5年后，拥有1~2名在市教学平台上有影响力的教师，新增1名中学高级教师，新进1名初级教师。在组内教师间强化教科研意识，敦促中青年教师进行教学实践反思，留下个人发展的成长记录，帮助中青年教师迅速成长，也为今后的课题研究申报和论文写作积累素材资料。

（3）课堂教学发展蓝图

从“高效课堂教学”入手，分块探索地理课堂教学模式，优化学生地理学习方式；引导学生主动参与、积极探究、共同发展，促进学生在教师指导下主动的、富有个性的学习；努力做到精心备课、精致上课、精巧设问、精密选题、精确讲评、精心辅导；积极开展“有效练习”（习题、试题）的研究探索，充分发挥备课组的集体力量，组织形式多样的习题研究，宁愿老师多做题，不让学生做废题，提高有效练习。探索和构建地理高效课堂教学的新模式。

（4）学生发展蓝图

以学生发展为本，因材施教，通过传授与学生生活密切相关的地理知识，传达地理思想，培养学生学习地理的兴趣和能力。

（5）教科研目标

① 转变观念，投身课改：教科研工作要围绕课改进行，把网络信息技术条件下学习方式的变革作为突破方向，重点研究如何在教学中为学生提供学习支持来提高教学和学习的效率。同时教师要认真学习先进的教育教学理论，积极投身课程改革。加强学习，组织开展新教育理论和教育思想的研究和讨论，丰富学科知识，努力转变教育教学观念，改变教师的教学方式，使教师在课堂上成为学生的引路人而不是知识的灌输者，以适应教育改革发展的大潮。②加强“高效课堂教学”的研究。强化两大研究方向：其一，基于全面理解新课标与教材课堂教学目标的设计与达成。其二，教学行为的合理性，即能否生成有意义的地理学习。创新研究方式：在课堂观察的基础上，协作反思——框架重建。达成两项研究共识：随堂听课与民主评议。实验两种技术：课堂观察与视

频案例分析。③积极参与校内各项课题研究。④积极鼓励教师撰写论文并发表：总结教学经验，凝练教学智慧，组织发动教师积极撰写教育教学论文、案例分析、教学反思等，积极参与学校、区市、国家刊物组织的教科研评选活动，广泛收集各种相关教学刊物的投稿、征文信息，向地理专业杂志投稿，展示我风采。每学年组内教师力争有1～2篇高质量论文的产生或发表于市级以上刊物，对表现突出者教研组给予组内奖励。⑤加强地理“高效课堂教学模式”的研究：探索6种地理课堂教学模式的基本程序，即探究性学习、讨论式学习、体验式学习、小组学习与合作学习、讲解式教学、创造性思维的培养。推进我校“课堂教学流程”并加以实施（检察预习→展示目标→探究问题→归纳小结→布置预习），更加有效地提高课堂教学效率。⑥加强学科资源库建设：用3年时间完成新课程地理教学资源库（课件、试题、教案、经典例题等）的建设。把本组教师从网上下载搜集的优秀教案做成电子文本保存，期中期末试卷及试题归类存储，课件收集整理后分年级存储。通过资源库的建设整理，使组内教师资源共享、优势互补、信息互通，加强交流，再经过取长补短，修改提炼内化成为我所用的高效教学资源。为高效课堂教学的改革和探索创造良好的物质条件。5年内，系列化购买和学习一些与教师发展有关的书籍，如《中小学教师实用教育科研方法》《实用教学艺术与技巧》等。⑦提高教师的命题水平：一个优秀的教师不仅具有高超的课堂教学能力，而且也具有高水平的命制试题的能力。能否命制高质量的综合试题，既是一个教师教育教学能力素质的体现，又是一个学校教学质量水平高低的表现。因此，提高教师的出题水平是我们教研组5年规划的重要任务之一。为此，我们要认真分析每年的全国中考试题和各省市的中考试题，研究“一套好试卷”的命题标准和方法，提高每一位教师命制地理试卷的水平。把握好新课改及中考试题的出题脉搏，是我校每一位教师应具备的能力。

（6）教研组规划目标

第一，常规建设。①认真制订每学期教研组工作计划并严格落实，同步完成学校的各项教学任务和常规检查工作。②积极参加省市各种教研活动，时刻了解全国地理教学研究方向，保持行动跟进，加强校际间的交流，拓展学习渠道。③教研活动定时、定点、定主题，做好公开课、研讨课的材料保存和备案，并做好各项工作的详细记录。④组织好组内公开课的设计、听课、评课和收集整理工作。教学设计经组内讨论确定，听课、评课带着细化任务听和评。本学期公开课安排每位老师两节。⑤主动创造和维持组内校本研修“自由、尊重和宽容”的研究氛围，形成平等交流协商、共同研讨问题、相互学习合作的常态研究方式，以提高组内教师的工作效力为前提减轻教师自身的压力。⑥根据学生的年龄特征和教材特点，进行有针对性的教学，分段制订好各年级地理学科教学目标，提高课堂效率，把提高教学质量的目标落实于日常教学。⑦加强备课组建设，组织好连环课的教学和研究。在人人备课的基础上，由备课组长组织每周一次的主备人中心发言、大家讨论交流的集体备课。然后，每位教师根据本班学生情况，对教案设计进行再次备课，适当微调，求大同存小异，张扬个性。在课堂教学之后，进行教后反思。通过多次备课，不断提高，形成自己独特的教学风格。⑧加强同行之间的相互交流，互相听课，取长补短。人人讲课，人人评课，互听互评，共同讨论每个教学环节的有效性，相互启发，共同提高，提倡“推门听课”。⑨规范作业批改：精选作业，及时批改、合理评价、及时评讲。⑩评价研究：以提高教学质量为根本目标，提高教师选题、组卷水平，提升试卷评讲课的水平。⑪制订5年学习规划，加强理论学习，重点选择课程理论、教育心理学理论方向的书籍，如《现代教育理论》（云南教育出版社）、《教师专业化的理论与实践》（教育部师范司编著，人民教育出版社）、《校本研究行动策略》（常锡光著，云南教育出版社）、《中小学教育科研方法与论文写作》（卢明德编著，天津人民出版社）等。做好读书笔记，写出读书心得，定期进行交流。

第二，特色活动。①强化全组教师的课程设计与开发意识。②为学生开展研究性、探究性学习提供专业支持和服务，并积极承担学校的相关教学任务。③每学年针对学生举办1次学科专题知识讲座或学科特色活动（如“地震和环保宣传”等）。

附录

广东省任黎娜地理名师工作室简报

（第4期）

佳节过后，学员们逐渐走向成熟，不是因为度过了儿童节，而是由于培训进入了第四天，也就意味着进入了一个新的阶段。这个阶段除了常规的教学外，学员开始要进行科组建设并接触科研课题等，也就意味着培训的难度加大了，学员的压力增加了，也预示着学员必将收获更丰硕的果实。

一、专题讲座

5月30日下午，在茂名市行知中学任黎娜教师工作室，来自龙岭学校的吴金梅老师举行了一场主题为“地理课组的建设与思考”的专题讲座。讲座从宏观的角度结合个人从教多年的经验体会进行阐述，先谈了个人在教育道路上的感悟，然后从4个角度谈地理课组建设：

吴金梅老师做演讲

首先是团队建设。这个环节关键是先要准确定位，在明确要建立“学习型科组”之后，走好第一步，解决“向谁学、怎么学”的问题，从而通过“自主学习、集体备课、‘一对一’帮扶、资源整合”等4种方式进行团队建设。其次是课程建设。这一步要解决的是“课程整合的切入点在哪里”的问题，明确“课程建设是对资源的动态整合”，强调够用、适用、能用、会用。再次是科研建设。在展示了龙岭学校的地理科研成绩之后，重点谈及对于课堂教学未来的展望，希望能够用科研成果推动课堂发展。最后是教材建设。包括新教材解读、校本《导学案》、考纲解读、校本教材开发等几个方面的内容。

讲座的最后，吴老师推荐了丰富而多样并且对于地理一线教师十分实用的一些资料，为这堂讲座锦上添花。

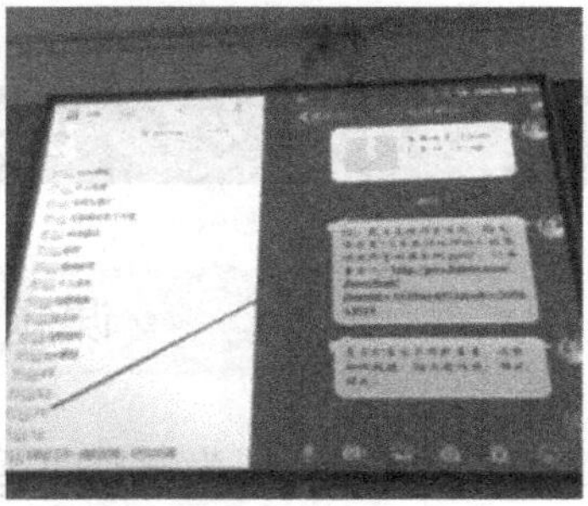

演讲主题资料分享

二、科组建设

昨天听了龙岭学校的吴金梅老师的“科组建设”专题讲座，今天上午，就由每一位学员都参与进来，采取座谈会的形式，浅谈有关地理科组建设的话题。

每个人的发言时间控制在6分钟左右，主要谈每个学校的科组建设情况。虽然只有短短的6分钟，但每位学员的发言都非常精彩，大家乐于分享自己的经验，表达了对科组未来建设的设想。

有关地理科组建设的座谈会

2016年6月2日

课题研究

课题研究培训

教育科学研究的开展为学校问题的解决提供了可能，也为教育理论的发展提供了大量的实践经验。教育科学研究的开展在不同程度上促进了学校、教师和学生的发展。教师的研究逐渐进入一种自觉状态：一方面教师自觉地反思自己的教育教学，另一方面教师将反思中的问题申请立项为课题系统开展研究。可以说，教师在用行动研究改进自己的教育教学实践，行动研究已经成为教师专业发展、课程发展和教育改革的重要手段之一。然而，实践中教师的课题研究无论是在选题立项还是方案设计、成果总结、成果推广与应用等方面都还存在着许多问题。

作为培训的一个专项，工作室在跟岗培训过程中需要指导、培训教师寻找自己的研究方向并完成课题开题报告，为教师今后几年的教学研究建立一个好的开端。这一环节主要有以下做法：①用“世界咖啡”的形式开展课题研究主题活动，分小组探究课题研究的主要方法和课题研究目标的落实；②邀请一些高校专家为大家答疑解惑，一起修改并敲定研究方向，并给予课题研究的方法指导；③中期通过网络对参训教师进行课题研究指导；④后期参与受训教师的结题答辩，提出整改意见和建议。

开题报告

“以学定教，问题导向”在初中地理教学中的应用

茂名市电白春华学校　梁文奕

一、研究的目的和意义
1. 构建“以学定教，先学后教”的新课型模式，促进教与学方式的变革，提高课堂教学效率。 2. 通对构建“以学定教，问题导向”的课型模式，探索适合初中地理特点的教学模式。

续 表

3. 构建中学地理教学方式和方法体系，提高课堂效率。 4. 构建“以学定教，问题导向”的课堂教学策略，提高教学质量；实现课堂教学的高质量、高效率，减轻学生负担。 5. 该课题的实施，对学生来说，目的是使他们德、智、体、美、劳协调发展，使他们健康成长，具有扎实的学科知识、深厚的传统文化知识、健康的心理人格。对教师来说，目的是提高教师的专业水平、研究能力和创新能力，所以教师的参与积极性非常高
二、基本文献综述
“以学定教”是教师依据学生的具体学习情况来制定和实施相应的教学方式的一种教学理念。这种教学理念有着深厚的教育学理论支持。在教育教学理论方面，皮亚杰和维果斯基等一些教育理论家都认为课本知识不应该是解释世界上各种现象的绝对正确的内容，而是具有参照意义的内容。此外，建构主义教育学派对此观点进行了相应的延伸和阐述。他们认为，知识不是学生单纯地从教师那里获得来的，尤其是在现代化的教学环境中，知识应该是学生参与教学活动，并从中获得的愉悦的学习感受和学习体验。而教师的教学活动也不应该是简单地依照教学大纲的相应规定或者教师的教学思维进行的，而应该是按照学生学习的相关要求来进行设定和安排的。 在传统教学模式下，一方面初中地理教学的重要性不如语数外学科，学校以及教师的重视程度明显不够；另一方面地理教学课堂缺乏生机与活力。教师按照既定的教学方案进行教学，为了完成教学任务而进行机械式教学，忽视了与学生的双向互动，导致课堂氛围死气沉沉。由于缺乏有效的互动，因此学生在表达自我观点或者就某些问题提出自己的疑问时，教师并未及时给予指导，而是一味地继续按照教学方案进行课堂教学。一个忽视学生主体性和个性的课堂，一个缺乏对学生亲切关怀的课堂，教学质量必然难以提高。教师要深刻认识“以学定教”的科学内涵。“以学定教”理论是广大教师在丰富的教学实践中总结出来的真理性认识，对指导教师更好地开展课堂教学起到了关键性作用。所谓“以学定教”，就是指教师根据学生的学习状态、情感、兴趣等各方面因素及时调整教学策略和进度，并有针对性地采取更为合适的教学方法。“以学定教”的重点在于为学生创造一个自由学习、自由发展的环境，打破既定规范，而不是预先设定好一切。该理论体现了“以生为本”的教学理念。从学生的实际情况出发，灵活改变教学方法，能够最大限度地激发学生的学习兴趣。其对地理教师的要求主要体现在两方面。 **1. 对其备课方式进行转变** 为了更好地梳理和把控课堂教学的流程并有序展开，教师要进行细致全面的备课。在“以学定教”教育理念的影响下，地理教师应转变原有的只依靠教学大纲来备课的方式，而应该在此基础上与学生自身的学习情况和学习能动性进行有机的结合。这样的备课不仅能够更好地实现教学目标，还能使教师在进行课堂教学时更具有灵活性和针对性。 **2. 巧妙设计课堂教学情境** 初中生的好奇心和求知欲都很强，如果地理教师在教学中能够充分意识到学生的主体地位，并激发学生的探究力和积极性，对取得良好的教学效果是很有帮助的。地理教师可以在教学中引入生活中的实际事例或者通过开展一些观察、猜想等活动来让学生从这些感兴趣的事物中思考相应的地理问题，这样便能够达到良好的教学效果。

续 表

在问题教学中，教师不应将如何解决某一个具体问题的过程直接告诉学生，而是要以监控、示范、质疑、鼓励等活动促进学生学习。同时，教师要提供给学生好的学习策略和问题解决过程中的思维策略，切实发挥指导与帮助作用
三、研究方法
1. 观察法 带着研究的问题，按照一定的程序采用明确的观察提纲或观察记录表格，对课堂教学现象进行观察、记录。 **2. 案例研究法** 本课题将选取典型的教学案例进行深入剖析和研究，最终形成一批体现课题研究特色、具有参考价值的案例。 **3. 叙事研究法** 在叙事中反思自己的教学，在反思中深化对教学问题或教学事件的认识，在反思中提升原有的经验，在反思中修正行动计划，在反思中探寻教学事件或行为背后所隐含的意义、理念和思想。 **4. 经验总结法** 本课题的研究将注重实际、注重实践、注重实效。在大量实践探索的基础上，总结成功的经验，并适当地进行理论上的提升。 **5. 数据对比法** 实验前、中、后的对比研究
四、需要重点研究的、关键的问题及解决的思路
重点研究的、关键的问题：教师根据学生的学习状态、情感、兴趣等各方面因素及时调整教学策略和进度，并有针对性地采取更为合适的教学方法。重点在于为学生创造一个自由学习、自由发展的环境，打破既定规范，而不是预先设定好一切。学生的自主学习比教师灌输式的教学效果要好很多，教师在教学过程中要用一系列的方法去引导学生进行自主学习。在课堂教学过程中，教师可以根据相应的教学流程设置一些既能引发学生思考，又能推动教学进程的问题，使学生在课堂教学中的主动性发挥出来。“以学定教，问题导向”的实验与研究吸收传统知识教学的有益内核，注重知识的传授和学生自我能力的培养。同时，避免传统教学可能产生的负面效应，力求在现有体制下探索出面向全体学生的课堂教学策略，探索出避免重复低效率教学的有效途径。 解决的思路：①通过采用常规课堂和“以学定教，问题导向”教学的对比研究，分析总结两种教学模式的优缺点，积累数据、资料；②通过文献综述的方法对“以学定教，问题导向”进行研究，同时通过跨班、跨校的研究，建立一种有效的合作研究机制，推动研究的有效进行
五、完成本课题所必需的工作条件
1. 成立实施小组。全校所有地理教师参与和茂名市区的部分学校参与。 2. 制度保障。修改有关制度，消除可能的课程开发阻力；建立相关的新制度，保证教师与学生发挥积极性与创造性的条件，保证课程实施的顺利进行。

续表

3. 跨年级、跨学校参与，使研究更有代表性和可推广性
六、主要参考文献
[1] 辛自强. 问题解决与知识建构 [M]. 北京：教育科学出版社，2005. [2] 任红艳，李广洲. 理科"问题解决"教学的反思 [J]. 课程·教材·教法，2003（12）. [3] 汪凤炎，燕良轼.教育心理学新编（修订版）[M]. 广州：暨南大学出版社，2007. [4] 教育部. 基础教育课程改革纲要（试行）[S]. 北京：教育部，2006. [5] 石中英. 知识转型与教育改革 [M]. 北京：教育科学出版社，2003.
指导教师审阅意见：
指导教师（签字）： 年　月　日
开题意见： 工作室主持人： 学科导师： 年　月　日
备注：

提高地理教学效率的反思性教学行动研究

岭南师范学院附属中学　任淑花

研究开题报告要点
一、研究背景（请简要论述选题背景等） 现在教育领域教师常根据教学内容的有效教学进行反思，从而来提升自己的反思能力和教学水平，所以反思性教学被视为促进教师专业化发展的核心因素之一。 著名教育家叶澜教授曾说过："一个教师写一辈子教案不一定成为名师，如果一个教师写3年的教学反思，就有可能成为名师。"在教学中，"教学反思可以帮助教师从每天的教学过程中发现自己的教学问题，并反思解决问题的策略，从而提升教师自身的教学专业化水平"。研究者们一致认为"增强教师在教学中的反思意识和反思能力，是有效实现新课程目标的重要保障"

续 表

二、研究问题 **1. 教学反思** （1）课前反思：反思课标、反思教材、反思教学设计。课堂反思：反思导入、反思提出的问题、反思问题的分析、反思课堂效果。课后反思：反思有效的成果、反思失败的结果、反思练习题、反思作业等。 （2）自我与他人对比反思。通过听他人的课，反思自我的不足。邀请他人听自己的课，通过他人的评价，反思自我。 **2. 学情反思** 反思学生的身心变化、基础知识的理解和掌握情况、思考能力、自主学习能力及小组合作能力，灵活的运用有效的教学策略，提高课堂效率，提升自身能力
三、研究意义 希望通过此研究，促使地理教师在地理教学中形成一种反思意识，根据地理学科的特点反思自己的教学策略，把地理教学与反思有机结合起来，通过不断的反思，不断地总结经验，提高教学实践能力，逐渐改进自己对地理教学的态度，并且在不断反思的基础上，不断提升自己的教学水平，形成一种新的教学思维，不断提高反思智慧并进行反思性教学实践，使地理教师能够在教学中发挥教的主体作用，在地理教学中从经验家转变为反思家
四、研究方法与设计（请简要论述研究方法、研究的基本思路等） **1. 准备分析阶段（2015年9月—10月）** 对学生、教师进行调查问卷，发现问题、提出问题、分析问题，为小课题研究提供充足的事实依据，明确研究的方向。同时，运用文献研究，搜集整理运用国内外与课题相关的理论，为课题研究提供科学的理论依据。 **2. 实施研究阶段（2015年11月—2016年5月）** 运用文献研究、案例研究、课堂观察、实验研究、行动研究等方法，积极探索反思性教学如何更好、更快、更有效地提高教师自身的能力及操作策略，并进行评价研究。加强课前反思、课堂反思、课后反思以及反思学生、反思教师本人和反思他人。做好反思笔记，反思成功之处，更要反思失败之处，探索出有效的反思教学策略，便于提高课堂效率，提升教师自身的能力。 通过实验对比反思教学策略的有效性。通过班级实验对比，分析学生的课堂情况、作业情况、考试成绩等，证明反思教学的有效性。通过教师实验对比，证明反思性教学提高了教师自身能力。 **3. 结题阶段（2016年5月—9月）** 完成课题调查研究报告，进行总结提炼和实践成果的综合评估，撰写结题报告及论文，收集整理过程性材料
五、研究拟创新点 **1. 对行动的反思** 发生在课前对教学的思考、计划和课后对课堂上所发生的一切的思考中。

续 表

2. 在行动中反思

发生在对课堂上出现的问题的思考和调整中。

当实践者不断对行动过程进行反思并通过反思进行学习时，反思的过程就沿着“欣赏—行动—再欣赏”的过程来展开

六、目前研究进展情况（请简要论述研究目前已完成工作、存在的困惑与问题、下一步的研究计划等）

已完成的工作：调查分析报告，自己及他人精品课例反思、每节课反思记录、实验对比实证分析正在进行

七、目前研究成果（已发表文章、出版书籍等，如有请填写）

调查分析报告、教学反思记录、精品课例、有效策略研究记录。

《运用“四步叠加法”，实现区域地理“知识能力一体化”》获2015年湛江市论文评比一等奖

八、主要参加人员

主要参加人员

姓名	年龄	学位、职称	所在单位	研究方向
任淑花	34	硕士中教一级	岭师附中	课程教学与研究教学
梁景培	42	本科高级	湛江市教育局	课程教学与研究

课题主持人签名：任淑花

2016年5月30日

理论导师评议要点

签名：

年　　月　　日

实践导师评议要点

签名：

年　　月　　日

答辩组意见

签名：

年　　月　　日

初中地理课堂教学中的实践能力的培养方法

广州绿翠现代实验学校　朱博明

一、研究的目的和意义
在新一轮教育教学改革中，学科核心素养被放到了比较重要的地位，但广大的一线教师对此事“陌生”的，往往不知道从何入手。因此，在进行初中地理高效课堂教学的研究过程中，需要优先解决的问题，就是弄清楚初中地理学科核心素养的主要内容和要求，并以此指导各项高效课堂教学改革的具体工作和活动。 在对高效课堂教学的探索过程中，我们发现，在传统教学环境下存在着一些难以解决的瓶颈。随着“互联网+”时代的到来，在先进技术和设备的支持下，数字化学习环境已经成为今后教育教学改革的重要动力，对于各种高效课堂教学的瓶颈也有了重大的突破。 地理实践能力是地理学科核心素养的重要内容之一，但在传统的初中地理课堂上，由于受到各种主客观条件的限制，地理实践能力的培养并没有被真正地落实到位。因此，我们要借助各种新技术以及采用新的教学形式，让地理课堂教学突破原有的“瓶颈”，通过各种具体的教学策略实现对学生地理实践能力的培养目标
二、基本文献综述
地理实践能力是指人们在户外考察、社会调查、模拟实验等地理实践活动中所具备的行动能力和品质。学生具备地理实践力，就能够运用适当的地理工具完成既定的实践活动，对地理探究活动充满兴趣与激情，并会用地理的眼光认识和欣赏地理环境。 《国家中长期教育改革和发展规划纲要（2010—2020年）》对中学生综合素养提出了明确的要求，在战略目标中具体提出，“坚持能力为重，优化知识结构，丰富社会实践，强化能力培养。着力提高学生的学习能力、实践能力、创新能力，教育学生学会知识技能，学会动手动脑，学会生存生活，学会做人做事，促进学生主动适应社会，开创美好未来”。 国家教委颁发的《九年义务教育教学大纲》和调整后的《全日制中学地理教学大纲》都明确指出，为了加强地理教学的实践环节，培养学生的观察能力、分析问题和解决问题的能力，扩大学生的地理知识领域，教师应根据地理学科的特点，积极组织学生开展地理课外活动。 地理教学中，传统课堂教学、教学实验和野外实践教学，是教育教学过程中统一的不可分割的3个方面，是不可相互代替的3个方面，它们相互渗透，相互影响，相互促进。 “互联网+”时代背景下智慧课堂教学的特征。智慧课堂教学的3个特征是以学生为中心、多样化的互动体验与交流、以数据为基础的学习分析与评价
三、研究方法
1. 对比实验法 分别在七、八年级设立若干实验班进行教学实验，主要采取以“翻转课堂”“案例教学”“小组合作学习”“户外地理实践课”为代表的智慧教学模式。

续 表

2. 调查研究法 调查、了解、分析实验班与非实验班教师的教与学生的学的现状，为课题研究提供事实依据。 **3. 行动研究法** 在实验过程中，不断探索实施有效、高效的教学操作策略，使理论与实践有机结合起来。 **4. 经验总结法** 及时总结实验经践和教训，修改、补充和完善操作措施，力争使研究水平上升到一定的理论高度
四、需要重点研究的、关键的问题及解决的思路
1. 对初中地理实践能力的具体教学要求进行解读。 2. 结合地理课堂教学活动、课外校本课程、学科社会实践活动，制订初中地理实践能力培养实施方案。 3. 通过对实验班课堂行为表现的观察与地理实践能力考评要素的数据分析，对实施方案的执行效果进行评价
五、完成本课题所必需的工作条件
取得学校领导及学科组教师的支持与配合，为实施方案的推行提供各方面的保障。 寻求学科科研机构及专家学者的参与和指导。 配备学科云技术的资源库，包括各种多媒体教学用的视频、音频、图片、题库文本，尤其是配备齐全的学科微课资源。 建立研究工作考核激励机制，保证参与教师的工作积极性
六、主要参考文献
[1] 常华锋. 初中地理新课程教学法 [M]. 北京：首都师范大学，2010. [2] 郑磊，张广花. 地理学科核心素养的培养策略 [J]. 中学地理教学参考，2015 (20). [3] 维克托·迈克尔–舍恩伯格. 大数据时代 [M]. 盛杨燕，周涛，译. 杭州：浙江人民出版社，2012. [4] 张铁道，殷丙山，蒋明蓉，等. 新媒体联盟地平线报告 [R]. 北京：北京开放大学，2014. [5] 何锡涛，沈坚. 智慧教师 [M]. 北京：清华大学出版社，2012. [6] 萨儿曼·可汗. 翻转课堂的可汗学院：互联网时代的教育革命 [M]. 刘婧，译. 杭州：浙江人民出版社，2014.
指导教师审阅意见： 指导教师（签字）： 年　　月　　日
开题意见： 工作室主持人：　　　　学科导师： 年　月　日

续 表

备注：

浅谈乡土地理与初中地理教学有机结合的途径

湛江市初级实验中学　吴金昆

一、研究的目的和意义
乡土地理的教学始终是中学地理教学的重要内容；新时期基础教育改革的深化和推进，也带动了乡土地理教学的新一轮发展；新课标更加突出了乡土地理教学的重要性，对乡土地理教学给予了高度正视。目前，初中地理教学在乡土地理的教学安排上只有8～10个课时，但这不意味着乡土地理知识在初中地理学习中就不重要。事实上，现行的初中地理教材（包括人教版、湘教版、中图版等）中编制了很多联系乡土实际的"活动"，这表明：联系好乡土地理知识，实现统编教材与乡土地理内容的互补整合，使初中地理教学中抽象的地理内容更加直观、具体；有助于培养学生的地理思维；有利于培养学生的地理核心素养（人地关系、综合思维、区域认知力和地理实践力）。其次，从地理学科教育的价值取向上看，地理教学作为基础教育的有机组成部分，乡土地理与初中地理教学有机结合能更好地实现初级中学地理教学目标和任务。 本研究侧重乡土地理内容在教学实践中的合理利用与有效结合，研究的意义主要表现在： （1）培养初中学生学习地理学科的兴趣和积极性。 （2）便于初中学生理解抽象的、深奥的、系统的地理概念。 （3）培养初中学生关注、观察、思考、探究"生活中的地理"的学习习惯和能力。 （4）增强初中学生对国情的基本认知和对家乡的热爱，有效达成"情感、态度、价值观"的教学目标
二、基本文献综述
1. 乡土地理概念、作用 （1）乡土地理作为地理教学中的重要内容之一，旨在"帮助学生认识学校所在地区的生活环境，引导学生学以致用，培养学生的实践能力，帮助学生树立可持续发展的观念，增强爱国、爱家乡的情感"。乡土地理教学一方面是地理课堂教学的补充与延伸，另一方面也是将课堂教学内容应用到实际环境中的最好途径之一。由于乡土地理教学具有很强的地方性、综合性、实践性、知识性和教育性等特性，因此在教学中从教学目标的制订到教学内容的选取、教学方法的设计、教学评价的实施等都应多途径、多方式、多层次。——王秀花（2014年） （2）从乡土地理在地理学传统中的地位、实施乡土地理教育的教育心理基础及一些国家乡土地理教育概况3个方面讨论了乡土地理教育的有关问题。——邓清南（1996年）

续 表

2. 乡土地理在中学教学中的作用 （1）当前，我国的地理教学存在着教学过于抽象的问题，这种教学方法使学生对地理知识的理解变得更加困难。为了让地理知识和学生的生活更加接近，使学生对地理知识有一个直观感受，让地理知识更加形象化，以便学生可以更好地掌握知识，可以在地理教学中运用乡土地理教学法。本文以青海为例，通过对乡土地理教学法进行研究，希望能为初中地理教学提供借鉴。——彭晴（2015年） （2）随着2003年国家新课程标准的提出，乡土地理教材被列为地理教材一部分重要的内容。本文主要讲述了乡土地理对学生学习地理理论方法的推动作用，野外实地考察对学生熟练掌握地理学方法的实践作用。通过以上方面主要说明了乡土地理在学生学习地理学方法中的重要性。——孙炳越、张立峰（2014年） （3）针对中学乡土地理教学的特殊背景，本文通过对中学乡土地理教育现状的探讨、研究，分析现在中学地理课堂乡土地理教学方法及应用方式，旨在使学生学好乡土地理基础知识的同时发展地理思维能力，使新一代学生准备好参加家乡现代化建设。——王杰华（2015年） **3. 乡土地理教学运用到地理课堂** （1）乡土地理教学非常具有现实意义，可以增强学生对地理知识的应用，也可以培养学生的观察能力，使学生了解家乡的自然要素和人文特征，从而提高高中地理教学效果。——邹静（2014年） （2）课程标准把“乡土地理”作为中学地理教学中的重要内容之一，旨在帮助学生认识学校所在地区的生活环境，引导学生学以致用，培养学生的实践能力，使学生树立可持续发展的观念，增强爱国、爱家乡的情感。——吴晓琴（2014年） （3）巧用乡土地理案例，引发学生的情感共鸣。布鲁纳曾说过：“学习的最好刺激是对学习材料的兴趣。”而乡土地理材料就在学生周围，既为学生所熟知，又为学生所喜爱，是学生常接触的素材，然而，学生对于这些客观存在于他们周围的地理事物和地理现象，有的只知其然，不知其所以然；有的只可意会不可言传。乡土地理材料具有易懂、亲切、富有生命力和感染力的特点。教师通过课堂教学达到扩展学生生活经验、增加他们对家乡的感知，使他们在感同身受中由衷地产生对家乡、对祖国的热爱之情，使学生产生情感共鸣。——宋志扬（2014年） （4）新课程下的地理教学更注重学生的素质教育，在地理教学中巧妙融入乡土地理，可以提高学生对地理学科的学习兴趣，培养学生正确的人生观和价值观，有助于提高学生的观察能力和分析能力，强化学生理论联系实际的能力，使整个课堂充满活力。——金冠华（2014年） （5）在进行地理学习的过程中，除了对世界地图、经度纬度、天文知识等进行学习外，乡土地理知识同样重要。学生通过乡土知识的学习，能够更加了解自己的家乡，提升自己的学习兴趣与归属感。地理教学与乡土教学巧妙结合，如案例教学、野外考察、研究学习等，让教学的方式变得更加丰富。——屈国权（2014年）

续 表

4. 国际地理课程标准的共同特点 关注实际社会形态的重大问题和学生生活实际问题，充分思量学生的学习兴趣和个体成长的需要；注意地理技能和地理思维的培养，倡导探索探究式的学习方法。国内外对乡土地理教学的研究颇多：德国、英国、法国、美国等发达国家一直把乡土地理纳入地理教学的必修课程，并作为成绩考核的一大依据；在国内，很多地区都编写了各具特色的乡土教材，如《温州市地理》《芜湖地理》《广州地理》《江苏地理》《上海市乡土地理》《北京城市地理》《河北地理》等。 广大地理学者也根据自己丰富的教学经验、科研成果发表了很多有血有肉的乡土教学篇章。例如，厦门启悟中学陈丽松的《渗透乡土地理进行高中地理教学的初探》认为，在教学中实施新课标“倡导把乡土地理作为综合性学习载体”的教学要求，用结合、渗透的方法把乡土地理知识融入教材各个章节的教学内容中，对于丰富地理课程内容，开展形式多样而有效的地理教学，增添地理教学活力，具有重要的意义。山东师范大学硕士生王品月的《渗透乡土地理的自主创新教学标准样式研究》认为，目前地理教学中单纯地利用讲堂讲授法，导致课本知识难以和社会形态实践相联系，不利于学生实践创新能力的提高。通过对各种教学标准样式的比较，把自主学习标准样式和创新教诲相结合并进行肯定式的改造，形成渗透乡土地理的自主创新标准样式。西北师范大学博士生林宪生的《地理教学理论问题研究》认为，改变地理学科面临的社会、学校、家长、教师、学生不放在眼里的局面，应该从世界大背景来思量，从宏观成长和微观需求来寻找地理学科的生长点。可持续成长、知识经济是地理学科摆脱困境的机遇
三、研究方法
1. 文献资料法 通过图书馆、杂志及互联网查阅和收集国内外教育专家或研究人员的有关地理教学和乡土内容的研究和最新成果。 **2. 行动研究法** 以课堂渗透为主，进行课外拓展；教学与研究相结合，使研究成果为教学工作者理解、掌握和应用，从而达到解决实际问题、改变教学行为的目的。 **3. 调查研究法** 对学生地理情感和观念培养情况进行问卷调查，掌握学生关注的地理问题。通过作业反馈等形式，及时了解学生对知识的掌握状况，做好数据统计和表格分析。 **4. 个案研究法** 注重教学应用效果的实验；进行班级实验，优化教学评估策略；获得相关教学成绩、学生作品等形式的成果。 **5. 经验总结法** 从实践中归纳成功的经验，整理好每节授课的教学反思；撰写教学成果论文。通过一个学年的行动研究，进行过程性评价和分析；总结研究经验，形成研究成果

续 表

四、需要重点研究的、关键的问题及解决的思路 **1. 研究内容** （1）乡土内容与地理学科知识的结合 ① 自然地理知识。结合乡土地形、气候、河流、植被等自然事物，引导学生认识地理事物与地理现象的组成、特征及彼此的联系。 ② 人文地理知识。利用学生知道的当地工农业、聚落、文化、宗教、交通等知识，学习世界和中国的人文地理知识。 ③ 人地关系知识。如人口增长、水土流失、自然灾患、环境污染、耕地减少、城镇建设等，结合家乡的情况，关注和分析人口、资源、环境等重大实际问题。 （2）乡土内容与学生地理学科技能的结合 ① 认识家乡常见的地理实际问题，培养学生用地理思想和方法分析问题的能力。 ② 学生通过文字、图表、图解、地图等搜集乡土信息。 ③ 学生学会运用一些地理测试仪，如气温表、风向风力仪、雨量器等；进行天气观测、社会形态查询、访问等活动。 （3）乡土内容与学生地理学科情感、态度和价值观的结合 ① 学生要具有热爱家乡的感情，具有建设家乡的责任感，把对家乡的热爱升华为对祖国的热爱。 ② 协调人地关系的观点具体要求有以下几点：第一，懂得保护地球生态环境是每一个公民应尽的义务；树立保护环境应从四周做起，从自身做起的观念和责任感。第二，懂得在一定空间、时间、地域、周期内资源是有限的；树立珍惜保护、合理利用资源的观念。第三，树立人口成长必须与社会经济发展、资源利用、环境保护相协调的观点。 ③ 树立可持续发展的观念。这是一种全新的人地观，包含着现代社会人口、资源、环境和谐发展问题。 **2. 重点问题** （1）如何将师生搜集整理的湛江市乡土地理内容与初中地理课程进行有机高效的衔接？ （2）以何种形式进行行之有效的乡土地理教学实践，从而达到预期的效果？ **3. 解决的思路** （1）对师生搜集的乡土地理信息进行筛选，结合初中地理（人教版）或者《广东地理》的教学内容，将乡土地理知识科学合理地渗透到教学的某些环节。 （2）联系教材内容，进行乡土地理知识的专题讲座。 （3）以课堂教学为主要载体，以多媒体课件为辅助手段。 （4）开展地理兴趣小组和探究活动，实践乡土地理教学实践研究。在这个阶段全面展开乡土地理教学实践，把理论应用于实践，积累地理教学案例，收集数据，分析存在的问题，总结经验，适时调整实施方案，结合教学任务，围绕课题展开教学实践。 （5）实践深化阶段：总结前一阶段得失，为更好地开展下一步工作及时总结阶段成果，进行过程性评价和分析，总结研究经验，形成研究成果。

续表

4. 研究步骤 **第一阶段：开题阶段（2015年10月—2016年4月）** 结合地理教学中存在的问题，选择小课题，明确研究方向，申请立项，收集整理资料，完成开题报告。 **第二阶段：研究阶段（2016年5月—2016年8月）** （1）加强对课题组成员的新课程理论和地理课程标准的学习和理解，及时了解乡土地理教学必需的理论和方法指导。 （2）课题组成员立足于各自的教学实践，进行乡土地理教学的实践和探索，及时进行总结，分析和反思，并由课题负责人进行资料的收集和整理。 （3）完成一份相关的教学案例。 （4）完成一篇相关方面的论文撰写。 （5）形成研究中期的阶段性报告。 **第三阶段：结题阶段（2016年9月）** 完成结题报告，进行湛江市乡土地理教学课程资源的整理和教学方法及手段的总结
五、完成本课题所必需的工作条件
（1）学校教育教研氛围好，课题组主要成员由具有较高的教育教学能力的一线骨干教师（1名高级教师、4名一级教师、1名二级教师）参与，其中2位地理一线教师计算机操作水平高，已有制作微课的能力，他们有时间、有精力投入教学研究。 （2）学校加强教科研管理，提供制度保障。课题领导小组已制定了课题管理、学习、研讨、激励制度；定期组织培训、交流、观摩活动，开展论文、案例评比，展示优秀科研成果，以保证课题研究的顺利进行并完成预期的阶段性成果。 （3）学校信息化建设初见端倪，光纤连接局域网。其中笔记本电脑120台，学生机130台，平板电脑40台，多媒体室10间。还配备有复印机、打印机、印刷机，确保实验所需要的材料如期印刷；学校还配有数码相机、摄像机等设备，能满足教师研究课题时查找资料、实地考察、拍摄图片等工作需要。 （4）学校能根据需要提供课题经费，给予财力支持，充分保障课题研究工作的正常开展
六、主要参考文献
[1] 课程教材研究所. 课程标准实验教科书——地理［M］. 北京：人民教育出版社，2006. [2] 王建栋. 中学地理教材研究［M］. 西安：西安地图出版社，2001. [3] 王敏勤. 课程与教学的关系与整合［J］. 中国教育学刊，2003（8）：26-28. [4] 李桂芝. 乡土地理教材编写探究［J］. 地理教育，2005（1）. [5] 高芳. 地理教学中实践新课程目标的探讨：论“过程与方法”目标的价值［J］. 新课程（教育学术版），2008（2）. [6] 孟新华. 新课程下地理教学的创新教育［J］. 新课程（教研版），2008.（10）. [7] 王伟. 新课程下信息技术与高中地理教学的整合［J］. 中小学电教（下半月），2010（2）. [8] 王文结. 高中地理课堂教学有效性初探［J］. 教育导刊，2009（9）.

续表

[9] 吉亚梅. 新课程初中英语教学的变革研究 [J]. 新课程（新高考版），2008（2）. [10] 李秀菊. 新课程地理教学的三点感悟 [J]. 福建论坛（社科教育版），2009（5）. [11] 徐静. 谈地理教学对学生综合应用能力和创新能力的培养 [J]. 四川职业技术学院学报，2008（3）. [12] 鲁健. 新课程背景下对小学数学有效性教学的探析 [J]. 新课程研究（基础教育），2009（12）. [13] 罗会知. 新课程背景下初高中地理课程衔接的研究 [D]. 武汉：华中师范大学，2008.
指导教师审阅意见：
  指导教师（签字）： 2012年　　月　　日
开题意见：   工作室主持人：　　　　　　　　　　学科导师： 2012年　　月　　日
备注：

江门五邑的民俗地理研究

外海中学　罗梅

研究进展报告要点
一、研究背景（请简要论述选题背景等） 随着新课程改革的推进，地理教育也在发生变化。乡土地理教育日渐得到重视，成为教学的重点之一、教育工作者研究的热点之一。但是，由于许多教育工作者对乡土地理教育不够重视，了解不够深入，对进行新时代背景下新要求的乡土地理教育还没有做好充分的准备。新课程标准对乡土地理教育的目标设定较高，注重学生能力的锻炼，注重学生素质的培养，教给学生对生活有用、对终身发展有用的地理。因此乡土地理课程资源的开发利用已势在必行
二、研究问题 江门五邑地区各色各样的民俗风情，包括饮食习惯、建筑特色、水乡文化、生活习俗等

续表

三、研究意义 通过对江门五邑传统民俗民风的调查，深入了解江门文化及其形成原因，继而加深对江门五邑民俗风情的理解，并在自己今后的地理教学中，更好地将江门的文化传播出去，让在江门生活的后代更好地传承其优秀文化。此课题计划带领学生一起完成，目的在于引导学生学以致用，培养学生的实践能力，帮助其树立可持续发展的人地观念，增强爱祖国、爱家乡的情感
四、研究方法与设计（请简要论述研究方法、研究的基本思路等） **1. 研究方法** 走访调查、翻阅文献、合作交流、归纳总结等。 **2. 研究设计** （1）准备阶段：2016年6月 ① 通过文献资料、上网查阅等途径搜集、整理、学习与本课题相关的资料及理论。 ② 针对实际情况制订出切实可行的研究计划。 ③ 设计问卷调查，撰写开题报告。 （2）研究阶段 研究初期：2016年7月—8月。 ① 结合查阅的文献资料，有针对性地进行走访调查，做好记录。 ② 按时上传小课题研究资料，交流、讨论、分享研究心得体会。 研究中期：2016年9月—2017年2月。 ① 有步骤地实施课题研究，做好记录，设计教学案例，撰写教学反思。 ② 按时参加小课题研究培训，及时获得专家引领、研究方法和理论支持。 ③ 与其他研究人员合作交流，和谐互助，取长补短。 ④ 随时调整研究方法，师生互动，重视研究效果。 ⑤ 结合指导教师的帮助，撰写小课题研究中期报告，上报研究情况。 研究末期：2017年2月—5月。 ① 对研究情况进行分析、归纳，对课题实施效果进行评价。 ② 整理研究材料，完成课题结题报告和论文撰写，申请课题结题
五、研究拟创新点 在一定地域内，民俗民风有许多相似之处，通过研究，教会学生在同中求异、异中思因，增强他们发现问题、分析问题和处理问题的能力
六、目前研究进展情况（请简要论述研究目前已完成工作、存在的困惑与问题、下一步研究计划等） 已确立研究课题，组织了参加研究的团队，并经过各种渠道搜集了一些资料。但由于团队成员多数是学生，要等到暑假才能进行下一步的工作。目前存在的主要问题是经费和学生外出的安全问题。解决措施：一是课题向上一级教育部门申报，获得相关政府部门的支持；二是争取学生家长的支持，以解决学生外出调研时的经费与安全问题

续表

七、目前研究成果（已发表文章、出版书籍等，如有请填写）

刚确定研究课题，尚未有研究成果

八、主要参加人员

姓名	年龄	学位、职称	所在单位	研究方向
罗梅	48	本科，中学二级	江门市外海中学	细探开平碉楼
范欣怡	13	初一学生	江门市外海中学	江门风貌街的骑楼文化
李昕	13	初一学生	江门市外海中学	礼乐的龙舟文化
梁晋豪	13	初一学生	江门市外海中学	食材讲究的煲汤文化
陈嘉琪	13	初一学生	江门市外海中学	外海面文化
陈颖珊	13	初一学生	江门市外海中学	走进新会天马村

课题主持人签名：

年　　月　　日

理论导师评议要点

签名：

年　　月　　日

实践导师评议要点

签名：

年　　月　　日

答辩组意见

签名：

年　　月　　日

“世界咖啡”

“世界咖啡”是一种通过“深度汇淡”产生组织动态性新网络连结的学习方法，它通过营造好友们聚在一起喝咖啡聊天的情境和氛围，让背景各异、观念不一，甚至素不相识的人能够围坐在一起，进行心无挂碍的轻松交流和畅谈，让深藏的思想碰撞出火花，形成集体的智慧。

而在今天上午，学员们在任黎娜老师的组织下开展了《世界咖啡——如何实现课题研究的既定目标》。先由工作室主持人任黎娜老师进行初步的讲解，然后学员们进行广泛的讨论，在讨论之后，再动手实践，最后展示自己的作品成果。

任老师讲解

学员们三人为一小组，积极讨论，互相交流。

学员热烈讨论

活动最关键的一步，就是最后的小组汇报成果，各小组汇报了自己的课题研究实施方案与落实方法。

小组汇报成果

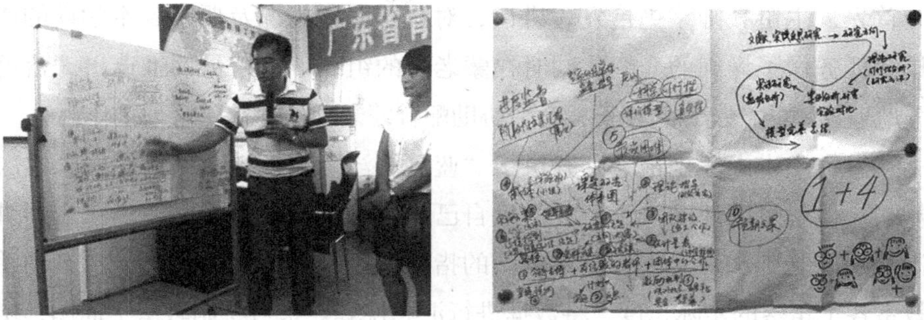

小组成果展示

此次的活动既开拓了学员的眼界，又为学员下一阶段的课题工作的顺利开展奠定了坚实的基础。

2016年6月2日

工作室课题研究——地理社团活动研究

“蓝色海洋”地理社团第一次社团活动

为凸显地理学科特色，搭建展示地理才华的舞台，激发学生学习地理的兴趣，培养学生地理学科素养，行知中学开办了“蓝色海洋”地理社团。2017年9月27日，茂名市知行中学“蓝色海洋”地理社团举行了第一次社团活动，来自初二年级的几十名学生参与了学习。本学期，这些社员将参加一系列的学习研究和实践活动，完成活动任务，努力提升自我的地理素养。

蒙老师在社团讲话

首先，主讲教师蒙艳艳发表讲话，对社团基本情况及要求、本学期的活动安排和任务做了详细的介绍，同时在蒙老师的组织下，社员们推选出“蓝色海洋”地理社团的社长和副社长，全力协助配合蒙老师做好社团管理工作。

接着，主讲人蒙艳艳老师开讲了“蓝色海洋”地理社团的第一课。本次课堂从初一接触过的地图入手，让学生自己动手绘制简易的平面图。在老师讲解绘制地图的基础知识后，学生在老师的指导下展开了热烈的讨论，自己动手测量教室各个角落的实际长度，将数据进行汇总换算。亲自绘制教室平面图，增强了自身的实践能力和动手动脑能力，让学生们的收获更加丰富。

社团第一课

学生动手绘制平面图

本学期，知行中学“蓝色海洋”地理社团将通过拓展基础技能和学习海洋知识，来探究、实践、宣传和了解地理知识，为学生实践活动打下基础，为学生地理学习打开视野、活跃思维，课内与课外结合、书本与实践结合，让绿色教育活了起来。

2017年9月27日

“蓝色海洋”地理社团第二次社团活动

“知之者不如好之者，好之者不如乐之者。”学生只有亲身体验才能够感受实践的真谛和学习的乐趣。2017年10月11日下午4：00—5：30，在行知中学生物实验室和地理园成功举办了“蓝色海洋”地理社团第二次社团活动，主题是“等高线地形图的绘制”。本次活动由室内教授课和户外实践课组成，指导老师和学生为此做了充分的准备。

活动共分为两个部分：第一部分是教师讲授等高线地形图的基本知识；第二部分是学生根据等高线地形图绘制的原理和方法进行实践应用。第一部分活动中，学生上交第一次作业后，由主讲人黄越老师开讲“蓝色海洋”地理社团的第二次课，深入浅出地帮助学生回忆了等高线的相关知识，同时辅以画图，生动形象地为学生呈现了等高线地形图绘制的原理和方法，为社员们接下来的实践活动打下了基础。

黄越老师授课

第二部分活动，社团的8个小组明确了各自的任务分工后，指导教师分别组织学生前往行知中学的地理园。一部分学生在等高距离确定的前提下，按照计划先后对园中的山地模型进行海拔高度的测量、定点，最后巧妙地利用毛线团进行拉线工作，以便清晰地观察山地模型的等高线。与此同时，另一边沙池的学生也井然有序地开展活动，在黄越老师的实地讲解下，社员们纷纷堆起两座形态各异的“沙山”，按部就班地进行确定等高距、测量高度、定点等工作。活动中学生积极动手、共同合作，顺利而出色地交上了一份满意的答卷。学生在轻松活跃的环境中对“等高线地形图”有了独到的认识，收获更加丰富。

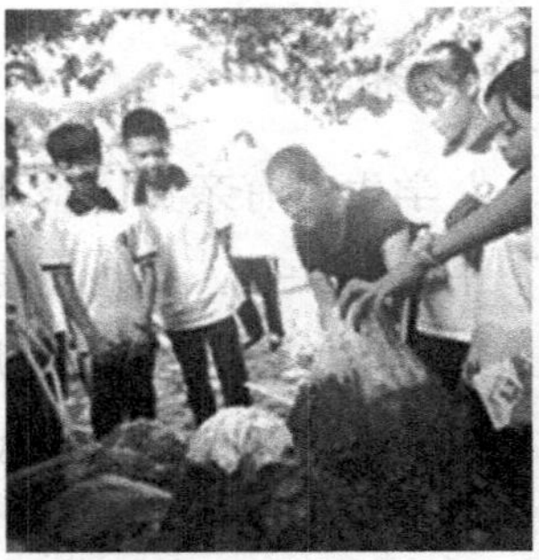

黄越老师实地讲解

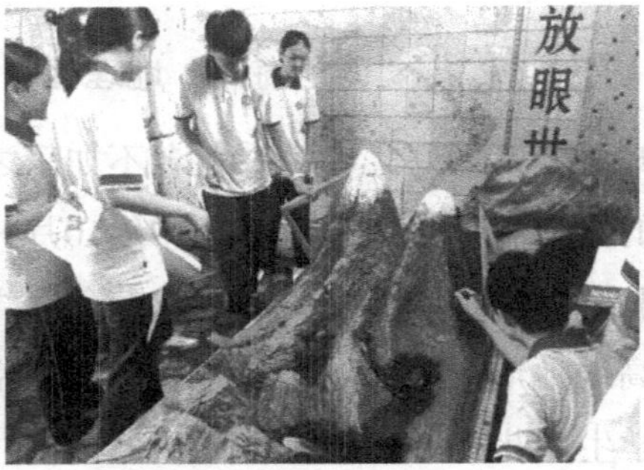

学生测量定点

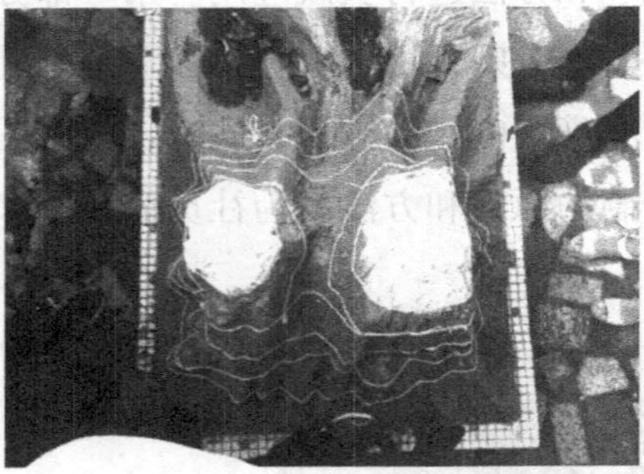

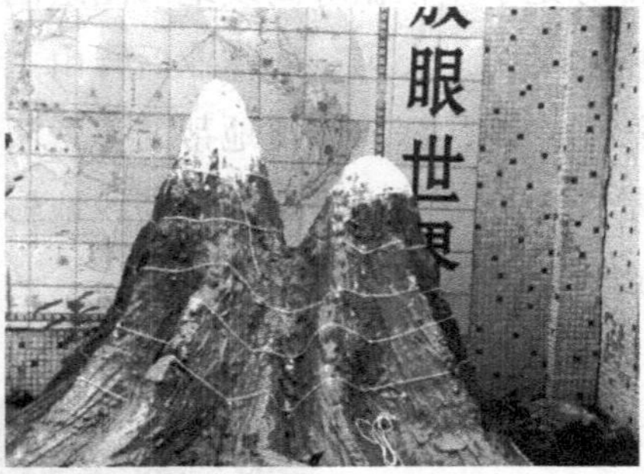

社员实践成果

2017年10月11日

“蓝色海洋”地理社团第三次社团活动

10月过半，在这收获的时节里，行知的学子们积极参与社团活动，激扬青春梦想。2017年10月18日下午，在崭新明亮的地理教室里，“蓝色海洋”地理社团第三次社团活动正如火如荼地开展着，黄越老师以“等高线地形图的趣味判读”为活动主题，引来了我校30多名地理爱好者。

10月18日下午的地理教室人头攒动，“蓝色海洋”地理社新一期社团活动如约开启。“蓝色海洋”地理社团本周的活动内容依然是围绕等高线地形图展开。黄越老师以广博的知识、风趣的语言、良好的形象等个人的独特魅力，给“蓝色海洋”的社员们带来了一场精彩绝伦的“地形图之旅”，解密神奇的等高线。黄越老师首先向在场的学生抛出问题：“你们能从等高线地形图中判断出这是哪种地形吗？”小社员们纷纷举手说出自己的想法，现场气氛开始热烈起来。然后黄越老师从等高线地形图展开，继续拓展深化等高线地形图的应用。介绍了陡崖相对高度的计算、水库大坝如何选址、交通线路的选择以及旅游景点的设计等。期间台上台下的互动非常热烈，整个活动取得了很好的预期效果。

黄越老师在授课

学生认真思考

小组成员积极讨论

来自八年级的地理爱好者们在经历了社团活动的学习和实践之后，收获和提高了很多，在做等高线地形图的判读方面的习题时也表现得更冷静和智慧。本次活动中，社员们不仅巩固了原本已有的等高线地形图的知识，而且通过指导老师的引导，自己对知识结构重新进行了梳理，进一步提升了知识面。同时，组员之间无论是讨论还是研习效率都提高了不少。此外，在经过国庆假期调整后，小社员们都能够对活动中遇到的难题提出自己的想法，形成头脑风暴，充分体现出了行知学子应有的地理学习素养。

2017年10月18日

“蓝色海洋”地理社团第四次社团活动

“秋风萧瑟天气凉，草木摇落路湿霜。”又是一年霜降后，2017年10月25日下午，“蓝色海洋”地理社团第四次社团活动在地理教室如约开展。黄越老师以“在地图上辨认地面的高低起伏——地形剖面图”为活动主题，再次迎来了我校初二的地理爱好者们。一周的沉淀使得学生们有了新的思考，为社团注入了新的活力，使社团充满了正能量。

生活之中处处有地理，在现实生产生活中，地形剖面图的运用非常广泛。踩着10月的尾巴，在“蓝色海洋”今天的社团活动中，黄越老师为求知若渴的学生们带来了一节关于地形剖面图的探究实践课程。黄老师首先检查了学生们初一学过的地形图相关知识，并对原有的内容再一次强化。为了加深学生们对地形剖面图的印象，黄老师让他们进行课堂绘图，亲自动手绘制地形剖面图。期间很多学生一知半解，黄越老师为其耐心细致地讲解绘图原理，现场操作演示如何绘制。在老师的指导下，学生们相互讨论交流，发现问题，寻找错误原因，然后再以优带差。黄老师给他们充分的空间和时间去展示，也对那些相对落后一点的学生起到很好的激励作用，使他们的问题最终得到解决。

黄越老师开课

用一次地理绘图实践，换一次成功体验。地理学是一门集综合性、地域性、开放性、实践性为一体的学科，地理社团的指导教师坚持注重学生综合素质的培育和启发教学，在社团活动中指导学生进行探索性研究学习，激发学生潜能。崭新明亮的地理功能室，也激发了学生的学习兴趣，为提高教学效率提供了帮助。同时活动中，学生们专心致志地听讲，极其专注地思考，努力积极地实践，相信通过这次活动，学生们对于地形剖面图的理解一定会更上一层楼。

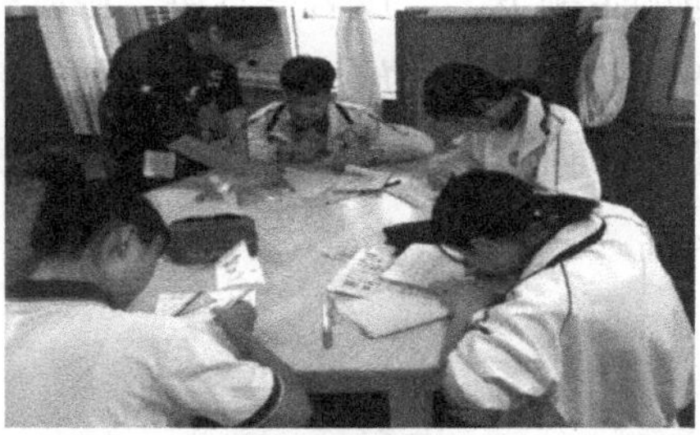

黄越老师指导学生

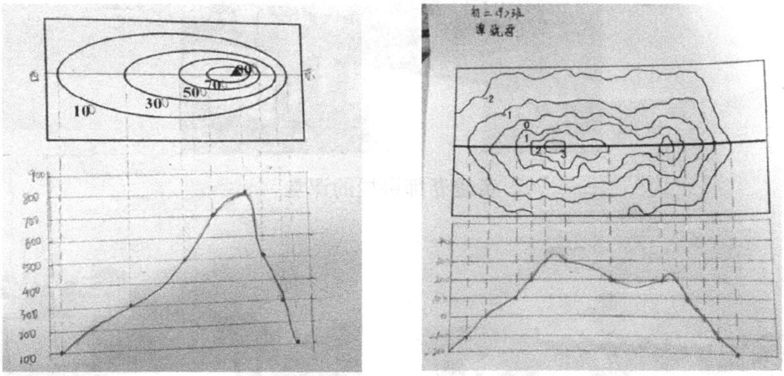

学生绘图成果

2017年10月25日

“蓝色海洋”地理社团第五次社团活动

“寒来暑往，秋收冬藏，闰馀成岁，律吕调阳。”又是一年立冬前，2017年11月1日下午，又迎来了广东省任黎娜教师工作室省级课题“地理核心素养教育背景下，初中地理社团活动研究”在本学期开展的第五次社团活动。“手脑双全，是创造教育的目的。中国教育革命的对策是使手脑联盟。”基于此，

“蓝色海洋”地理社团在新一期的社团活动中开展了“玩转地球（电子地图应用）”的主题活动。

下午4：00，“蓝色海洋”地理社团第五次社团活动如约开启。怀揣着对地理的憧憬和热爱，我校“蓝色海洋”社团的学生们再次共聚在地理室。首先，“桃李不言，下自成蹊”的黄越老师，巧以百度地图的素材为学生们解说“电子地图的应用”。学生们纷纷举手说出自己的想法，现场气氛开始热烈起来。随后，在指导老师黄越的带领下，“茂名三日游”旅游路线设计活动更让全体学生变身小导游，积极为制定茂名的旅游路线出谋划策，从基本的食、住、行3个方面出发，在旅游路线确定好的前提下，结合百度地图的使用综合考虑交通工具的选择和食宿的安排。学生们对此次活动兴趣满满。

黄越老师讲授的课堂

学生全神贯注听讲

看到一个个小社员全神贯注的神情，不由令人期待他们的优秀作品成果。是学生在“象牙塔”里的闭门造车？还是不懂行的异想天开？抑或是迸发的灵感相互碰撞？小塞涅卡曾说：“一个人，只有在实践中运用能力，才能知道自己的能力。”也许他们还有不足之处，也许还有磕碰，不论结果如何，相信经过一个学期的“厚积”，他们都能在“蓝色海洋”的活动中持续进步和成长。

2017年11月1日

读书与学习

成功的教育者往往是酷爱读书的人，而热衷读书的人亦常常会选择教师、作家、编辑等与书密切相关的职业作为其终生不渝的事业。学校是一个专门读书的场所，唯有当书籍成为教师的至爱时，读书才可能化作学生的喜好。所以，不仅学生要读书，教师更应成为读书的楷模。据悉，苏霍姆林斯基去世时，人们清点过他的藏书，其总数有2万册之多，简直就是一个小型图书馆。他用事实和行动证明了自己的确是一个自觉读书的榜样。也正因如此，苏霍姆林斯基强调，真正的教师必须是书之爱好者，读书乃教师发展的最有效途径。

基于此，我们在教师培训中专门规定每位教师在培训期间必须读1本好书并撰写相应的读书心得，同时建议读教育理论类书籍，希望教师通过读书在教育理论层面有所提升。

读《学生第一》，了解北京十一学校

——李希贵《学生第一》读后感

广州绿翠现代实验学校　朱博明

在跟岗学习期间，根据工作室任黎娜老师的要求，我选择了十分喜爱的由李希贵撰写的《学生第一》一书作为读书活动的研读对象。以下我将从三个方面来分享我的阅读感悟。

一、欣赏与错过

刚开始看的时候，我发现这本书没有什么理论的阐述，更多的是介绍一所学校的具体办学措施和做法（这是我第一次接触北京十一学校）。我从书的目录中，首先感觉到这所学校的管理者——李希贵，真的是一个很有“想法”和

“办法”的校长。像“学校的开学护照”“校园机会榜”“学生出版社”“校园吉尼斯”“学校里面开公司”“校园泼水节”等从来没有在我脑海里出现过的词语出现在目录之中，我马上被吸引了。细看之后发现这些活动都很有操作性，并且确实能给参与的学生带来快乐。但经验告诉我，目前的学校尤其是公办学校，在巨大的应试压力下，在有限的校园场地、设施、资金条件下以及更有限的时间与精力条件下，这些针对学生学习兴趣、综合素质能力培养、为学生增加快乐感的活动，真的有点“叫好不叫座”，这位校长和这所学校能这样做应该有其客观条件，我们不具备这样的条件，只能作为我们开展活动的参考。接着，我就把书合上了，准备把它作为一本以后开展学校各项课外专题教育活动的重要参考书——这个时候，我并没有意识到自己将会错过什么。

二、震撼与憧憬

我所在的学校在上学年组织了一次办学思想研讨会，会议请来了一位嘉宾——李金初，北京十一学校的前校长（这是我第二次接触北京十一学校）。在研讨会上他介绍了自己对学校办学以及教育改革的看法，更着重提到了北京十一学校和李希贵校长，并建议我们去北京十一学校看看。此时，我对北京十一学校的兴趣被提起来了。这到底是怎样的一所学校呢？

研讨会后的一次学校行政会议上，学校的陈祥春校长对出席会议的全体行政人员说了这样一段话：“北京十一学校是目前国内实施素质教育与代表中国教育改革方向的一所示范学校，它将成为我们今后办学的重点学习对象。”在这次行政会上，还播放了3段关于北京十一学校的视频：“北京十一学校的学生是怎样度过一天的”“北京十一学校的学科教室（生物为例）是如何建立的”以及“教师如何面对走班选课的新要求”。我和其他参会人员一样，被画面和解说的内容震撼了——中国居然有这样的学校。会后，我私下又看了很多关于北京十一学校的视频，包括李希贵（校长）的办学思想分享和秦建云（副校长）的课程改革经验分享，以及其他北京十一学校行政人员和学科教师的经验分享。这个时候，我突然又想起了《学生第一》这本书，于是我再次打开并阅读起来。

不得不说的是，在第二次阅读的时候，心情是不同的，甚至读到的内容也大大不同，因为我看到的不仅是一个个标新立异的活动，而且是一个完整的综合活动课程体系，它是与北京十一学校所倡导的“把学习交回给学生”“让学生自己选择并为自己的发展而努力和负责”等办学思想相吻合的，它是北京十一学校学科课程建设改革、教学模式改革的重要体现。这个时候，我心中充满了对北京十一学校的憧憬，觉得在这所学校读书的孩子真的很幸福。我更在学校的寒假德育工作研讨会上，向全体人员推荐了《学生第一》这本书。

三、思考与践行

之后，借着学校要组织班主任外出培训的机会，作为主管德育的校级干部，我推荐了北京十一学校为培训参观学校，并在多方的努力下得以实现。2015年4月，我和其他20多位学校德育行政干部和班主任怀着激动的心情踏进了北京十一学校的校园。虽然没有机会见到李希贵校长，但我们细致地参观了北京十一学校的每个学科教室，与带领我们参观的工作人员、校园里遇到的教师、学生进行深入的谈话，甚至翻看课室内的工作记录本和学生教材。我再次感叹——中国居然有这样的学校，这里的孩子真的是太幸福了。

感叹后是深刻的思考，思考怎样才能把从书本上读到的、从过来人分享中听到的、从自己亲眼看到的，转变为自己所拥有的。从可行性的角度来分析，虽然没有深入了解，更没有亲眼所见，但我相信与北京十一学校一样，在教育教学改革上卓有成效的学校应该还是有的，它们都可能拥有其他学校不具备的各种优势资源和客观条件，甚至这一切都是“不可模仿”的，但是这些都不能改变我和很多同行的想法，我们也想拥有像北京十一学校那样的教育追求和工作环境，我们也想让我们的学生、子女在那样的校园里快乐而充实地成长。

之后一次偶然的机会，学校邀请北京十一学校课程研究院负责人——秦建云副校长，到南武举行学校课程研究建设研讨会。我在研讨会上听取了秦校长对北京十一学校课程建设的发展历程，以及各种具体做法的细致说明。俗话说：“百闻不如一见。”虽然读过书，听过报告，也去学校参观过，但都不如深入地、面对面的交流与探讨。从与秦校长的交流中，我们才深入地了解到，书本、视频、校园等我们现在所能听到和看到的一切，是如何一步步变成现实的。现在那些听起来“理所当然”的理念，又是经过了如何激烈的“挣扎”才形成的。

现在，作为一名省骨干教师的跟岗学员，我又一次拿起这本书，有了以下的感想：要从一名书本的读者、讲座报告的听众、参观游览的游客转变为一名实践者，需要勇气、需要严谨的态度、需要坚持。我从读《学生第一》到了解李希贵和北京十一学校，因为欣赏和憧憬，我愿意从一名读者、观众，转变为一名践行者。我会从自身做起，从现在做起，从身边做起，为实现自己的教育愿景努力终生。

（跟岗学校：茂名行知中学）

2016年6月

《地理科学的美育价值》读书笔记

岭南师范学院附属中学　任淑花

一、地理科学的美育价值

地理科学的养育价值主要体现在以下几个方面。

1. 以美启真

完善智力，激发创造。首先，美感引发愉悦感、自由感和强烈的求知欲。这些炽热而积极的情感成为人们步入智慧之门，追求真理的强大动力。

美能启真，除了其独特的动力价值，还因为其形象性特征有利于人们形成形象思维与抽象思维互补互促的整体思维，有利于完善智力结构并激活创造力。

2. 以美促善

完善人格，陶冶情操。

3. 以美育美

培养健康高尚的审美观。

培养良好、敏锐的审美欣赏能力。

培养丰富多样的审美表现能力和审美创造能力。

著名的苏联教育家苏霍姆林斯基曾经指出：美是道德纯洁、精神丰富和体魄健全的有力源泉。审美化的地理教学以培养学生正确的审美观，提高鉴赏美、评价美、创造美的能力为宗旨，是地理素质教育的重要内容。把握地理教材的美育内容体系是进行地理美育的基础。

审美化地理教学模式活动课程要充分反映出自由欣赏，自由表现，自由创造美，而这一切都建立在以学生完美人格发展为本的基本理念之上。

——《审美化地理教学基本模式和教学策略》

地理科学是联系自然科学和社会科学的桥梁科学，其中蕴含着丰富的美学因素，对学生的综合素质即完美人格的发展具有独特的优势。

——《审美化地理教学基本模式和教学策略》

地理教育国际宪章指出，地理教育要有助于学生终身欣赏和认知这个世界。

——《审美化地理教学基本模式和教学策略》

地理教育国际宪章指出，要建设一个美好的世界。

——《审美化地理教学基本模式和教学策略》

二、审美化地理教学的教学策略

（1）审美化地理教学主要依靠学科教学进行，和智育、德育融合。

（2）以地理形象引入为重要特征，与地理逻辑思维相结合。

（3）以情感（美感）的激发为核心并与提高审美认识相结合。

（4）创设充分自由的学习心理空间与符合教育目的的引导相结合。

在华师第二期教师培训地理基地学习的过程中，基地负责人魏院长带给我们一本非常有价值的教科书——美国高中主流地理教材《科学发现者》。看过之后，我感慨万千。该书地理系统性很强，其中最让我着迷的是各种各样的实验，如迷你实验、地学实验、探索实验、技能实验等。该书通过各种实验突出学习的探索性。反思我们的地理教学，我感到我们注重的仍旧是知识的传递，知识的学习，缺少了学生对知识的探索与发现这一重要环节。本人所在学校今年开设了一门拓展性课程，即“高中地理实验探索”，其中一些实验是受该教材启发而设计的，在实验中我们遇到一些困难，现在分析如下：

第一，小实验的实施。受《科学发现者》的启发，在教学中我们也安排了类似美国教材中“迷你实验、探索实验”的小型实验，如密度分离实验。但是我们发现，学生认为这个结果不用做实验也知道，认为这个实验价值不大。实验后请学生思考还可以用哪些物质取代水、油、沙进行密度分离实验，学生兴趣不大，认为有了第一种方法就行了，为什么还要再思考一种方法？从中可以看出，学生做实验的热情不高。同时我们也在思考，这类实验我们该怎样引起学生的兴趣。要想让学生探索，教师要先进行探索。

第二，复杂实验的实施。《科学发现者》中部分实验类似物理、化学实验，需要相关的实验仪器、设备。一些相对复杂的实验，我们的学校缺乏仪器。在中学，物理实验、化学实验、生物实验仪器相对比较充足。在多年的教学中很少有学校进行地理实验，因而配套的地理实验设施基本没有。在实施中由教师自己设计解决，在经费、材料、设计等方面均有一定的困难。例，岩石我们只有少量的标本，学生只能看，不可能切碎进行实验。

第三，实验设计蕴含创新教育。在《科学发现者》中有实验的设计，如设计利用太阳能进行海水淡化的装置。我们可以感受到有些实验设计具有一定的高度，同时也具有一定的实用性，有科学研究的性质。如果学生参与这些实验的设计和实验过程，对学生的探索学习、创新教育会有很大的帮助。

第四，实验教学的空间与时间。《科学发现者》中诸多的实验，学生都很感兴趣。

《地理教学论》读书笔记

外海中学　罗梅

最近，我在看《地理教学论》，这本书共分为十章，科技出版社出版，由胡良民、袁书琪、关伟等编著。该书第一章地理学习，涉及地理学习观念的转变、地理学习中智力和非智力因素；第二章地理教师，涉及地理教师的资质和地理教师的继续教育；第三章中学地理课程，涉及地理课程基本理论、地理课程标准解读；第四章地理教学方法，涉及常用的地理教学方法及其优化；第五章地理教学技能，涉及地理课堂教学语言技能、地理课堂教学“三板”技能、地理教学组织技能；第六章地理教学媒体，涉及常用的地理教学媒体及其优化与组合；第七章地理课堂教学，涉及地理课堂教学的类型、地理课堂教学设计、地理课堂教学的进行；第八章地理教学实践，涉及地理教学实践类型、地理实践教学设计与实施；第九章地理教学评估，涉及地理课堂教学评估、地理教师评估、学生地理学习评估；第十章地理教学科研，涉及地理教学科研的方法、程序以及地理教学科研论文的撰写。

在这本书中，与地理学习有关的理论放在了第一章的显著位置，编排在地理教学理论的前面，这反映了课程和教学改革的趋势和要求，即突显出学生是地理学习的主体。该书从现代教育理论、信息论的原理和建构主义的学习理论3个方面阐述了学生作为地理学习主体的原因。这对于一个合格的地理教师来说，树立正确的学生观、教学观是至关重要的。

在该书第八章第三节，编者对地理研究性学习活动的设计与实践做了比较独到而又详细的阐述。书中将地理研究性学习组织形式分成3种类型：小组合作探究、个人独立探究、个人研究与全班集体讨论相结合。其中，小组合作学习是最基本的教学组织形式。小组合作研究性学习的实施方式灵活多样，合作小组一般由研究兴趣相近的学生组成。各合作小组开展研究性学习可以采取开放式、半开放式和集中式3种方式。开放式就是班级不设统一研究主体，教师将一节课的主题分解成若干个小的主题，学生自愿选择主题，使各小组探究的课题互不重复。半开放式是全班确定一个共同的、内涵丰富的研究学习主题，然后学生根据该主题进行探究。集中式是由全班学生或师生共同交流，最后确定一个引起广泛兴趣的研究题目作为唯一的研究题目，各合作学习小组独立开展研究。由于各个小组研究的视角、方法不同，结果一定存在较大的差异，能够据此评估各个小组和个人的表现。在研究性学习中，由于从分组、课题的确定、研究计划的制订、资料的收集、正式开展研究到研究成果的表达都是以学生为主，以学生与问题间、学生与学生间的互动为主，而教师与学生的互动只是在学生有需要时才产生，因此教师的角色是“导师”，教师的主要作用是激发学生的探索兴趣、提供学生研究方法、指导学生学会探究学习。

通过学习这本书，我真切地感受到自己教学过程中存在的不足与差距。在今后的教学中，我将结合自己正在进行的课题，更加细致地探索小组合作目标教学法，努力提高教学能力，打造出高效的地理课堂。

《爱的教育》读书笔记

茂名市电白春华学校　梁文奕

《爱的教育》这本书告诉我们：一个人不仅要学好各种文化知识，而且要学习比文化知识更重要的东西，那就是对祖国、对家乡、对同胞、对弱者、对父母、对师长、对同学、对周围所有人都要给予爱和尊重。书中的每一段文字都洋溢着儿童的纯真与情趣，每一个故事都深深地感动着我。字里行间折射出的全是纯真透明的爱。

这是一本以日记形式撰写的小说。书里的故事虽然比较短小，但是每一个小故事都讲述着父母与孩子间美好的爱、老师与学生间的师生情、朋友之间的纯真友谊……这一切的一切都离不开一个字"爱"。本书的精彩之处在于每个小故事都有一个或几个主人公。其中我印象深刻的是有一篇"可爱的老师"的日记，作者细心地勾勒出每位老师的形象，"性格柔和"的"修女"老师对孩子们"发大声和动怒是绝对没有的"，但孩子们对老师的训诫还是肃然起敬。

看了这本书我也想到了现在的自己。自己身在教师岗位，希望能够全心全意扮演"为人师表"的角色，然而在专业经验不足、缺乏教学经验，也没有很好的方法的现实情况下，有时候也以教师的权威管教学生，以致伤了学生的心，在师生情感上划出了一道情感交流的鸿沟。而《爱的教育》给了我很多的启迪。教师要教育学生，不要训斥学生，教育要潜移默化；要了解学生，要适时地赞美和接纳，鼓励与协助；教师要培养学生的抗挫能力和宽恕他人的能力，让学生快乐成长。

还有一篇"家长"的日记让我印象深刻，它叙述的"学生的父母"是一群与学校教育息息相关的特殊的人。他们容貌不同，职业各异，但却都有着一颗"为孩子着想"之心。他们默默地接送孩子，关心着孩子的学习和生活，他们把对自己孩子的爱，迁移到孩子的同学和伙伴身上，他们因为同为父母，而变成"平等的友人"。读着这样的描写，继续"学生的父母"的日记，我的心也随着温暖起来，被其中浓浓的亲情所感动。我们更应该进一步理解、领会天下父母心，把感动和感恩扛在自己的肩上。我们要利用各种机会和家长取得联系，适时地提供、教给家长教养子女的方法，共同为学生的未来而努力。

夏丏尊先生在翻译此书时说过这样一段话："教育之没有情感，没有爱，如同池塘没有水一样。没有水，就不成其池塘，没有爱就没有教育。"一个人在成长过程中，总会遇到许多挫折、跌倒和失败，一个良师必须适时适切地来激发学生们的自信心，让他们勇敢面对所遇到的困难，并在困境中坚强地站起来，坚持走下去。

从《爱的教育》中我终于明白，孩子真正需要的是源自父母和长辈的精神力量。父母、老师只有教会他们如何关心别人，如何与人团结合作，如何热爱劳动并创造生活，他们才能在成年后不至于孤单、自私，他们才有快乐的一生。

附录

读书笔记摘抄

一、好词好句摘抄

1. 从昨天傍晚起，天空中就飘着鹅毛般洁白的雪花了。今天早上起来一看，地上已经白茫茫一片了。上学的路上雪花还在飞舞着，踩在雪地里，脚下还咯吱咯吱的响呢。到了学校，教室的玻璃上、窗框上都是雪，太有趣了！

2. 他今天穿着一件蓝色上衣，上面缀着金纽扣，仰起金发的头，微闭着双眼，像一尊石像昂然地站在那里。那种风采，真令人羡慕。

3. 天气很好，阳光明媚，火车驶在一片绿色的田野上，遍地都是盛开的鲜花，空气芳香，令人心旷神怡。

二、好段

1. 终于挨到了放学，教室里一片欢呼声，大家都迅速收拾好书包，飞快地冲出教室。一路上都蹦蹦跳跳的，又喊又叫。有人手里抓了雪团，不管是不是认识的同学，就丢过去，被雪球砸中的人，立刻蹲下去，搓起雪球，又丢向其他人。还有的在雪地里跑来跑去，整个学校热闹非凡。

2. 早上，空气很清爽，温暖的阳光从窗口照进教室里，大家的心情都变得舒畅起来。趴在窗口，就能看见碧蓝的天空，还能看见家家敞开的窗栏边、阳台上，摆着已经泛绿的花盆。

3. 今天早晨，我更深刻地体会到了我们的老师是多么爱我们。当别的老师向我们提问的时候，他的眼睛始终注视着我们。如果我们回答得不是太准确，他就会跟着着急；如果我们回答得非常得体，他的脸上就露出欣慰的笑容。

专题研讨

教师师德教育

师德是教师专业素养中不可或缺的一部分。“学高为师，身正为范。”在教师专业培训中，师德教育是必须有的一个主题。可是在现实中，说实话，一提到师德教育，很多教师是排斥和反感的，因为常见的师德教育就是大会、小会的各种反面案例、敲警钟，要不然就是“人类灵魂的工程师”“蜡烛”“园丁”等虚无的道德高帽子。这些师德教育固然有一定的作用，但是已经让耳朵听出茧子来的教师厌倦了。

所以在跟岗培训前我就很认真地思考，用什么样的方法，可以让受培训的教师既轻松愉快又能真的愿意去反思自己的教学行为和师德呢？带着这个问题，我找了不少资料，却一直不满意。直到有一天陪女儿看电影《放牛班的春天》。当我充满愉悦，又感慨万千、眼泪哗哗时，突然茅塞顿开——就用它来作为师德教育的“药引子”。

从培训教师的师德电影赏析表中，我们可以看到每位教师的思考角度的不同，有感动、有分析、有反思、有质疑，比如来自湛江的朱老师就提出：作为学科教师，怎么保证本身的学科素养培育？教育到底要给予学生怎样的影响？并提出，我们在倡导教育理念多元化，形式开放的春天，是否会被繁华与喧闹迷失了教育的本色？当然，一场电影不可能改变太多，但是只要我们在教育中能够让教师内心有一些触动，有一些温暖融进我们心灵最柔软的部分，能够触发教师对其个人教育行为的反思，那么我认为，这个师德培训就是成功的。

教育电影赏析作业表

电影名称：《放牛班的春天》　学员：梁文奕　班级：培训班（1）班

序号	要素	作为学员的思考
1	本片中哪个人物给您的印象最深刻？为什么？	马修是那样的其貌不扬。他没有魁梧的身材，没有英俊的面容，再加上秃顶的脑袋，他看起来甚至有些滑稽，但正是他创造了奇迹。他从这些让所有人都失望的孩子中培养出了世界著名的指挥家——皮埃尔，并让受他教化的学生在几十年后满怀着敬慕和热爱的心情来怀念他。这本身就是作为一个教育者的无上光荣和莫大成就
2	本片中最打动您（印象最深、最纠结、最难过、最困惑……）的情节是哪一段？	课堂上他蹲在课桌旁和学生讲话的那个镜头给我留下了很深刻的印象。这一小小的举动包含着对学生的尊重，让他们真正看到了平等的师生关系。而现实中的我们又有多少人能蹲在课桌旁和学生讲话呢？而马修老师以其温和的作风改变着什么，让整座学校师生之间的对立关系缓缓消散，除了那个刻板的校长，但在某一刻他那冷酷僵死的心何尝没有松动过呢？这就是尊重的魅力、温和的魅力、情感的魅力、爱的魅力

续 表

序号	要素	作为学员的思考
3	您的身边是否有与本片类似的教育故事?	有过不少。记得2014年第二学期，初二（3）班新转来一名叫李海威的学生。他人长得高大，刚来就成了班里的“老大”，全班学生都怕他。没过多久他还成了学校的“老大”，其他班的调皮学生也都怕他。他上课不听课，还捣蛋，不把老师放眼里。后来我才知道他是被其他学校劝退的。他常打架闹事，和社会上一些不三不四的人在一起，很多老师尝试教育失败后都放弃了他。我知道情况后没有急于教育他，而是接近他，了解他，逐渐教育他，从他的爱好入手和他聊，成为他的“朋友”。知道他喜欢打球后，我从聊打球入手，在他接纳我后，我就跟他谈人生，谈未来。经过一段时间后，他有所改变了，他会主动管班里的纪律，上课也认真了，但基础差，学不进去，我也尽力帮他，鼓励他，到初三时由于基础差，他告诉我他准备去读技工学校，学一门手艺
4	本片在教育理念和方式上有哪些成功之处?	但愿普天下所有的老师都能用尊重、温和的态度、用爱心、用情感去感动学生，都能得到学生的认可，都能收到孩子们的纸飞机，写满了祝福与期盼的纸飞机，都能在三尺讲台前真正实现自己的人生价值！通过这部影片我们应该看到：孩子们都有自己的优点，关键要看我们怎么去发现，怎么去挖掘，怎么去引导。我们作为老师应该用发现的眼睛，去寻觅学生身上的闪光点，用心寻找孩子们的优点和点滴进步。或许我们每一次真诚的表扬，每一次的宽容，都会给他们一份自尊和自信，让孩子们更加茁壮成长，让每一个孩子都看到自己的优点。 马修把这个孩子的不可饶恕的错误当作了教育的资源。纵观全片，教育是要有爱的，父母般的爱，手足般的爱，朋友般的爱。如今的教育理念是以人为本，这样人性化的教育方式更需要有爱。正如母亲不会因为孩子的美丑存在偏袒和私心一样，作为老师，虽然一个班级有几十个孩子，他们的家庭环境、先天素质与自身努力程度都不同，但一定要做到一视同仁，尊重、信任、理解、热爱每一名学生
5	本片在教育理念和方式上有哪些不足之处?	影片的最后，孟丹还是没有走上正路，可以说，孟丹是教育的失败。10多岁的孩子就邪恶到无法挽救？这很明显是教育方式的问题。再冷酷的人心中也有柔软的地方，就如再强大的敌人也有弱点一样，只要耐心地找到这一点，专攻这一点，就没有挽回不了的遗憾。然而那位校长的暴力无疑是雪上加霜，致使孟丹的劣行越来越恶劣，忽视他人的生命，直至走到杀人放火的地步。影片中的校长也代表了现实生活中的一类教师。他们追求名利，不把学生当成和自己等同的人来尊重，不把他们当成自己孩子般来爱护，因此，这种教师注定一败涂地

续 表

序号	要素	作为学员的思考
6	本片对您改进教育工作实践有哪些启发?	我也得到了深刻的启示：我们在教育教学中，应该看到：学生都有自己的优点，关键要看怎么去挖掘，怎么去教育。充分挖掘孩子的优点、天赋、潜能和爱心，孩子才能很好地成长起来。教育其实就是一项心灵的工程，要改造学生，首先得从心灵开始。教师的爱应该是一种博爱，爱你的每一名学生，关心他们的身体，关心他们的生活，关心他们的学习，关心他们的思想。其实，教育也是一门高深的学问，需要你慢慢地、小心地探索、发现。我们要像母亲一样容忍孩子一次次地“旧病复发”，还要针对不同的孩子，不同的性格采取不同的教育方式，要像母亲一样善于发现孩子的长处，充分肯定他们的点滴进步，对他们的长处要“小题大做、无限夸张”，永远不说“你不行”，而是毫不吝啬地说：“嗨，你真棒！”让孩子在充满鼓励与期待的沃土中成长，绝不能因为一点过失而让孩子在指责声中自卑地抬不起头来。对于即将为人师表的我们来说，马修给我们树立了一个最好的榜样

教育电影赏析作业表

电影名称：《放牛班的春天》　学员：罗梅　班级：2015第二期地理培训班

序号	要素	作为学员的思考
1	本片中哪个人物给您的印象最深刻？为什么?	克莱门特·马修让我印象深刻的原因是他跌宕起伏的教育经历给了我启示。马修来到这所学校后经历了失意—惊呆—触动—事与愿违—茫然—努力改变—落寞—欣慰。他的人生风风雨雨、起起落落，但无论教育现实如何糟糕，他的心中都充满希望，且积极努力地去改变。这些都值得我去学习
2	本片中最打动您（印象最深、最纠结、最难过、最困惑……）的情节是哪一段?	影片从2名学生的回忆开始，从他们的对话中，我能体会到那段日子虽然艰辛，但马修老师的到来给了他们许多美好的回忆。虽然几十年过去了，但对于他们来说一切仿佛就发生在昨天。这一段深深地打动了我
3	您的身边是否有与本片类似的教育故事?	我身边的故事虽然与本片不尽相同，但有一点是相同的，那就是好的教育可以拯救一个孩子；同理，不合适的教育方式也能毁了一个孩子
4	本片在教育理念和方式上有哪些成功之处?	本片体现出教育的开放性与包容性，是成功的。如： （1）“问题”学生犯错，转化为教育契机。 （2）以人为本，关爱学生，设身处地为孩子着想。 （3）找准症结点，将优势发挥到最大化

续表

序号	要素	作为学员的思考
5	本片在教育理念和方式上有哪些不足之处?	主要不足之处是“度”的把握不够准确，有点极端倾向。我认为任何一种教育理念和方式都会存在优缺点，就像人无完人一样。正如本片故事中讲述的那样，即使是问题学生，如果能受到良好的教育，也可能变成一个可爱的孩子。但影片中的马修与校长，一个完美无缺，一个一无是处，而且马修始终丝毫未能感化校长，这本身在潜意识中就否认了教育的作用，与本片的主题教育思想相违背
6	本片对您改进教育工作实践有哪些启发?	本片对我改进教育工作实践深有启发：①对于教育形式而言，要多元化，要因材施教，因为合适的才是最好的；②对于教育方式而言，要以人为本，对学生首先要有爱，而后再谈教育；③对于教育对象而言，要客观评价，不要极端化，好与坏本身就没有绝对的界线；④对于教师自身而言，在教育的过程中，不能固执己见，要多学习别人先进的理念与方式。只有这样，教育才有生命力

教育电影赏析作业表

电影名称：《放牛班的春天》　学员：朱博明　班级：2016省地理骨干教师培训班

序号	要素	作为学员的思考
1	本片中哪个人物给您的印象最深刻？为什么?	马修老师。在他身上，我看到一个最质朴、最纯粹的教师形象
2	本片中最打动您（印象最深、最纠结、最难过、最困惑……）的情节是哪一段?	在影片的前半段，马修老师被校长告知必须停止合唱团，但他依然利用课余时间在宿舍里开展“地下合唱团”。随着他打的节拍，每个学生边唱歌边看着他的眼神中所闪烁的光辉——个人认为最能吸引一位教师的东西，就是学生的依恋和信任
3	您的身边是否有与本片类似的教育故事?	没有
4	本片在教育理念和方式上有哪些成功之处?	我不想用“成功”这一略显功利的词语来形容这个故事。这个故事最能打动人的是马修老师对音乐的热爱与理解，以及他通过音乐这一载体，传递给孩子的爱护与关心，还有最终通过音乐这一载体，把爱传递给每个人

续 表

序号	要素	作为学员的思考
5	本片在教育理念和方式上有哪些不足之处？	不能说是不足，因为教育是社会与时代的缩影，它反映了不同时代下社会的需求。或许本故事中有的教育方式用现代的教育观念来看是不可取的，但只能说它不适合现代，但在当时的背景下它是可取的
6	本片对您改进教育工作实践有哪些启发？	教师要有爱，首先是对生活的热爱（即使生活中充满挫折，充满阴暗，充满困苦），这样才能引导和带领学生走向新生活；其次是对事业的热爱（即使工作得不到支持和理解，缺乏各种物质条件），这样才能从不可能中创造可能；最后是对学生的热爱（即使对方顽皮、不可理喻、懒惰、愚笨、不懂事），这样才能不抛弃、放任学生，因为他们都是需要引导的孩子

教育电影赏析作业表

电影名称：《放牛班的春天》　学员：朱炽球　班级：培训班（1）班

序号	要素	作为学员的思考
1	本片中哪个人物给您的印象最深刻？为什么？	马修。 因为他有一颗仁慈、善良、博爱的心，懂得如何和学生更好地相处，知道如何感化学生。课堂上他蹲在课桌旁和学生讲话的镜头给我留下了很深刻的印象。这一小小的举动包含着对学生的尊重，使我们真正看到了平等的师生关系，而现实中又有多少人能这样做
2	本片中最打动您（印象最深、最纠结、最难过、最困惑……）的情节是哪一段？	为校长的粗暴残忍而愤恨，为孩子们曾经不幸的遭遇而惋惜
3	您的身边是否有与本片类似的教育故事？	有。印象最深的是2009年，初二（6）班有个叫赖梓恒的学生，因家庭变故，初一成绩不好，到了初二在班主任和科任老师循循善诱的教育下，成绩越来越好。科任老师和家长都说他好像换了一个人，进步很快。到初三中考考上了重点高中
4	本片在教育理念和方式上有哪些成功之处？	有教无类，因材施教。充分尊重学生，不因无关学问的其他原因而歧视乃至抛弃他们。并不是所有人都可以成为牛顿、爱因斯坦那样的人，更不会成为全才、通才。所以我们要着重去发现学生的特长、优势，进而去教育他们，并将他们引上正确的道路，这才是一个优秀的教育者。正如马修老师一样，帮学生排练唱歌进而融入了班级，最终培育出了优秀的音乐家

续表

序号	要素	作为学员的思考
5	本片在教育理念和方式上有哪些不足之处？	我们要追问的是，作为学科教师，他除却合唱教学外，本身的学科素养培育呢？还要追问的是，作为教育工作者，他将班级分散的心聚焦于音乐，这无可厚非。然而，教育到底要给予学生怎样的影响？皮埃尔终于前往里昂音乐学院进修，追随他而去的佩比诺呢？纵火洗校的丹东呢？为买热气球而偷窃的郭邦呢？ 我们在倡导教育理念多元化，形式开放的春天，是否会被繁华与喧闹迷失了教育的本色？无论是本片中的马修，还是《摇滚校园》中的奈德，我以为都只能作为另类的教育方式，或者作为教育的参考与补充，警醒与鞭策
6	本片对您改进教育工作实践有哪些启发？	关爱每一名学生，对表现不好的学生要有更多的耐心和爱心，对他们每一次的进步都给予肯定。没有人不希望别人表扬和渴望成功，每个人都有着不同梦想和追求。作为教师，要合理、正确引导学生去书写自己的青春，无论是什么样的学生，不要打消或打击他们对于梦想实现的渴望，并告诉他们，自己的青春与梦想要靠自己的努力去书写

教师职业倦怠

教师职业倦怠对教师自身发展和学生的成长会产生严重的消极影响。在调查中小学教师职业倦怠的现状及影响因素时，我们发现，中小学教师职业倦怠状况严重，有45.5%教师对教师职业产生倦怠感，严重倦怠的占比14.6%；初中教师职业倦怠感要明显高于小学教师和高中教师；婚姻状况与教师职业倦怠具有明显相关性；女性教师职业倦怠高于男性教师，男女教师教龄在11～15年时职业倦怠均非常严重。①

实际上，教师职业倦怠已经成为制约教师职业发展最重要的影响因素。鉴于此，在跟岗教师培训中，我们把它作为一个培训的专项主题，利用小组合作探究的方式，让教师结合自己的实际情况讨论优秀教师的核心素养以及中年教

① 胡洪强，刘丽书，陈旭远.中小学教师职业倦怠现状及影响因素的研究［J］.东北师范大学报（哲学社会科学版），2015（3）.

师职业倦怠产生的原因，并积极提出解决对策。通过这种思维的碰撞与交流，帮助教师走出职业发展瓶颈。

专题讨论

——《优秀教师的核心素养与教师职业倦怠》

核心素养在近几年跃升为我国基础教育界的新热点，成为大家眼中借以深化基础教育课程改革、落实素质教育目标的关键要素。那么，核心素养到底是什么？

一、什么是核心素养

有关核心素养的主流观点有以下几种。

1. OECD的观点

“核心素养”（Key Competencies）其实是一个舶来品，经合组织（OECD）1997年12月启动了“素养的界定与遴选：理论和概念基础”（Definition and Selection of Competencies：Theoretical and Conceptual Foundations，即DeSeCo）项目，并于2003年出版了最终研究报告《核心素养促进成功的生活和健全的社会》（*Key Competencies for a Successful Life and a Well-Functioning Society*），将有关学生能力素养的讨论直接指向“核心素养”，并构建了一个分别涉及“人与工具”“人与自己”和“人与社会”3个方面的核心素养框架，具体包括“使用工具互动”“在异质群体中工作”和“自主行动”共3类9种核心素养指标条目。为推动这一框架的实践与应用，2005年，OECD专门发布《核心素养的界定与遴选：行动纲要》（*The Definition and Selection of Key Competencies：Executive Summary*）。

核心素养具备如下特点：有助于社会和个人获得有价值的成果产出，有助于个体满足各个社会生活领域的重要需求，对每个人都有重要意义。尽管这种需求导向的核心素养是个体适应社会所需要的，但并非全部。核心素养不只用来与社会打交道，还应该是个体改造社会的重要因素，因此，核心素养不仅由个体和社会的需求决定，还应由个体和社会的目标性质决定，而且还应包括创新、自主和自我激励。核心素养“超越了直接传授的知识和技能”，它包含了认知和实践技能的应用，创新能力以及态度、动机和价值观，同时具有反思性，即反思性思考和行动是核心素养的核心。

2. 欧盟的观点

2006年12月，欧洲议会（European Parliament）和欧盟理事会（European Council）通过了关于核心素养的建议案，向各成员国推荐母语、外语、数学与科学技术素养、信息素养、学习能力、公民与社会素养、创业精神以及艺术素养等八大核心素养体系。每个核心素养均从知识、技能和态度3个维度进行描述。在这一建议案中，核心素养被定义为：在知识社会中每个人发展自我、融入社会及胜任工作所必需的一系列知识、技能和态度的集合。

有学者认为，欧盟核心素养的核心理念是使全体欧盟公民具备终身学习的能力，其突出特点在于统整了个人、社会和经济3个方面的目标与追求。相比分科知识，欧盟的核心素养理念具有更强的整合性、跨学科性及可迁移性等特征，但它并没有排斥母语、数学和科学等传统意义上的基本技能，这印证了欧盟核心素养的基本理念是强调跨学科、综合性的能力培养，但这并不意味着否定传统的基本技能，而是将其作为核心素养的基础。

3. 国内相关研究

国内研究者的观点大致受到上述两个观点的影响。关于核心素养的认识比较有代表性的是辛涛（北京师范大学心理学系的硕士生导师）等人的观点。他们认为，核心素养就其内涵而言，应当以个体在现在及未来社会中应该具备的关键能力、知识技能及态度情感等为重点；就学科属性而言，核心素养并不指向某一学科知识，并不针对具体领域的具体问题，而是强调个体能够积极主动并且具备一定的方法去获得知识和技能，从人的成长发展与适应未来社会的角度出发，跨学科、跨情境地规定了对每一个人都具有重要意义的素养；就功能指向而言，核心素养的功能超出了职业和学校的范畴，不仅限于满足基本生活和工作需要，而更有助于使学生发展成为更为健全的个体，能够更好地适应未来社会的发展变化，能够达到促进社会良好运行的目的。

总的来说，核心素养就是学生在接受相应学段的教育的过程中，逐步形成的适应个人终身发展和社会发展需要的必备品格和关键能力。

其基本特点是：①核心素养是所有学生应具有的最关键、最必要的基础素养；②核心素养是知识、能力和态度等的综合表现；③核心素养可以通过接受教育来形成和发展；④核心素养具有发展连续性和阶段性；⑤核心素养兼具个人价值和社会价值；⑥学生发展核心素养是一个体系，其作用具有整合性。

二、几种不同模型的价值取向

实现成功生活：OECD（经合组织）、日本等。

促进终身学习：UNESCO、欧盟等。

促进个人发展：新加坡等。

内容、目标与途径相结合（综合取向）：美国等。

三、优秀教师的核心素养

1. 美国优秀教师的标准

关于优秀教师及教学标准这个话题，很多教师和组织已经进行过研究。美国洲际新教师评价与支持联盟（In TASC）不仅确认了教师编制、授权和认证指南，还规定了10个优秀的教师课堂实践和人格标准。

美国洲际新教师评价与支持联盟关于优秀教师的基本标准是：

（1）教师应该理解学科关键概念、探索工具、纪律结构，为学生创造有意义的学习经历。

（2）教师应该理解学生成长发展的规律，为学生提供能够促进智力、社会经验和个人发展的机会。

（3）教师应该理解学生学习风格的差异，设计适合不同学生的教学方式。

（4）教师应该理解学生和使用各种教学策略，另外还要鼓励学生运用批判性思维解决问题，促进学生各项技能的发展。

（5）教师应该采纳一种容易理解的个体和群体动机与行为的方法，目的是为学生创造一种能够积极参与的社会化的学习环境，使学生积极参与学习和自我激励。

（6）教师应利用有效的语言和非语言技术来营造课堂中积极探索、协作和互动的氛围。

（7）教师应该根据学科、社会和课程目标设计教学。

（8）教师应该理解和运用正规或非正规评价策略评估和确保学习者智力、

社会和自身的发展。

（9）教师应该不断反思自己的选择和行为对那些积极寻求专业知识的人所产生的影响。

（10）教师为了支持学生的学习和发展，应该与学校同事、家长和其他机构形成良好的关系。

由此可见，优秀教师的标准并不只取决于教师对某个科目专业知识的掌握程度。美国数百名教师的谈话表明，良好的教师还应该充当相互关联的角色。另外，优秀教师还应该做到以下几个方面：

（1）优秀教师应该使课堂充满快乐。他们细细品味发现的快感和学生天生的好奇心。他们对学习感到兴奋，并且将这种兴奋传递给学生。在幽默的课堂环境中，学生的学习效率一贯很高。幽默的谈话可以避免尴尬场面的出现。这种幽默并不是来自很多笑话，而是来自学生间进行的善良的谈话和讨论。

（2）优秀教师应该充满激情。对成功高中的调查表明：教师的专业知识不如教师上课时呈现的精力和激情重要。好教师不仅要爱护学生，还要对所教科目充满激情。从教师上课时的表现，学生可以立即判断出教师是否热爱教学。

（3）优秀教师必须好问且具有创造性。教师要做到能不断提问，寻求新的解释和无数新的答案。教师应该为学生树立榜样，鼓励学生提出自己正在探索的问题。即使找不到所有问题的答案，教师和学生也应感到高兴，因为他们建立了一种发起质问的课堂环境。优秀的教师还应该具有创造性，他们应该乐意探索新的局面和寻求新的可能性，还要主动实验和尝试新的教学方法。

（4）优秀教师还应主动向别人寻求帮助和做一名决策者。优秀的教师会和同事谈论新教学方法，征求管理人员与教育专家的意见，阅读大量的教育杂志和期刊并经常浏览教育网站。这些教师不怕改变，并且努力使这些改变成为课堂教学中的积极因素。他们永远都不会满足现状，而且总是在寻求改变。

（5）优秀教师最重要的特点就是灵活。学生的来来去去，家长的意外来访，管理人员的文件报告，会议安排的临时通知等，教师应该如何处理这些事情？灵活的教师会应付这些不可避免的“路障”。教师只要乐意做些妥协和调整，就会获得难以置信的成功机会。

2. 新东方优秀教师的标准

新东方是中国民办教育中一个成功的案例，每年都有众多求职者前往求职。可是，在成千上万的求职者中，能够被新东方选中的却是凤毛麟角。有许多人前来应聘时手中握着英语专业八级或者各种英语大赛的获奖证书，自信满满，可是经过一系列的笔试、面试和试讲以后，却失望而归。新东方选择教师的标准有10个：

第一个特征是激情澎湃（Passionate）。教师在课堂上的一言一行都是激情的展现，通过激情影响人、震撼人、感染人，同时也通过激情感动自己。“只有让自己感动的课，才可能深深地感动学生。”所以，做一名受人尊敬的优秀教师，首先要把自己生命中最灿烂的激情点燃，然后用它照亮周围的人，包括学员，包括同事，包括领导。

第二个特征是幽默（Humorous）。这种幽默不仅仅是在课堂上讲个笑话那么简单，而是一种与众不同的气质，一种特别的授课风格。例如，根据某一个篇章、段落中的某一个单词、句型而展开的对人生的感悟、人生哲理、思维方法的论述，从而充分展示新东方课堂的魅力。

第三个特征是雄辩（Eloquent）。作为新东方的教师，口才要非常好。讲台就是一个精彩的大舞台，教师就是那万众瞩目的舞者，你在讲台上的语言就好比是你在舞台上的舞姿。在舞台上舞姿不好是要被观众喝倒彩的，同样，如果你在讲台上语言表达不流畅，肯定是要被学生轰下去的。这是游戏法则的无情捍卫者，但它同时也是最有情的学生利益保护者。

第四个特征是博学（Knowledgeable）。“巧妇难为无米之炊。”只有当你确实有充足的“米”，能够做出足够的“炊”让大家吃饱时，你才有资格成为一名教师，才能无所不通、无所不精，这样才能迷住学生。

第五个特征是勤奋（Industrious）。

第六个特征是有上进心（Aggressive）。“不想当将军的士兵不是好士兵。”我们同样也可以说，没有上进心的教师不是好教师。为了真正的博学，必须要勤奋，同时，我们也要具有不断追求博学的信念，永远保持上进的心态。要想达到俞敏洪老师说的“让优秀成为一种习惯”的境界，你必须不断地学习学习再学习，不管现在的你看起来有多么优秀，也许10年，也许5年，甚至2~3年之后，你会成为井底之蛙，被学生抛弃，被社会抛弃。

第七个特征是创新（Innovative）。及时把握学生需求，紧紧跟随时代变化，不断创新。“人无我有，人有我优。”这句话的实质就是不断地创新，永远领先别人一步，走在时代和市场的前列。

第八个特征是友好（Friendly）。对人友好是表现教师个人素质和人格魅力的重要方面。学生需要的是态度友好、亦师亦友的良师，而并非迂腐的老学究。一个人只有对身边的每一个人都非常友好，包括对学生友好，才能从学生身上、从课堂当中、从老师身上，从我们身边的每一个人身上学习和收获新东西。

第九个特征是爱国（Patriotic）。把我们分内的工作做好就是爱国，爱国要从身边开始。例如，保洁员把地拖得非常干净，教室管理员把教室管理得井井有条，学生按时上课、认真学习等都是爱国。教师把课上好毫无疑问也是一种爱国行为。

第十个特征是有共同信仰（Religious）。这种共同的信仰就是团队拥有强大的凝聚力和向心力。例如，新东方要求理念必须高度统一，这是他们的共同信仰。

四、教师职业倦怠

自1978年美国临床心理学家弗鲁顿伯格率先发现职业倦怠这一现象以来，很多西方学者都从不同角度分析研究了职业倦怠现象，并重点探讨了教师这一特定职业中的倦怠问题。

针对中小学教师这一职业而言，职业倦怠是指教师不能顺利应对工作的一种应激反应，是教师在长期压力体验下所产生的情绪态度和行为的衰竭，它会严重影响教师工作的热情度、满意度，而且也会危害到教师的身心健康，如易怒、失眠、记忆力减退、食欲不振等。除了影响教师自身的身心健康外，职业倦怠还会导致教师的教学质量下降，不利于学生的健康发展。

五、培训任务

今天我们用小组合作探究的形式一起来讨论以下两个问题：

（1）优秀教师的核心素养是什么？

（2）中年教师的职业倦怠产生的原因及解决对策是什么？

活动：

（1）分组讨论（30分钟）。

（2）学员汇报（每组5分钟）。

附录①

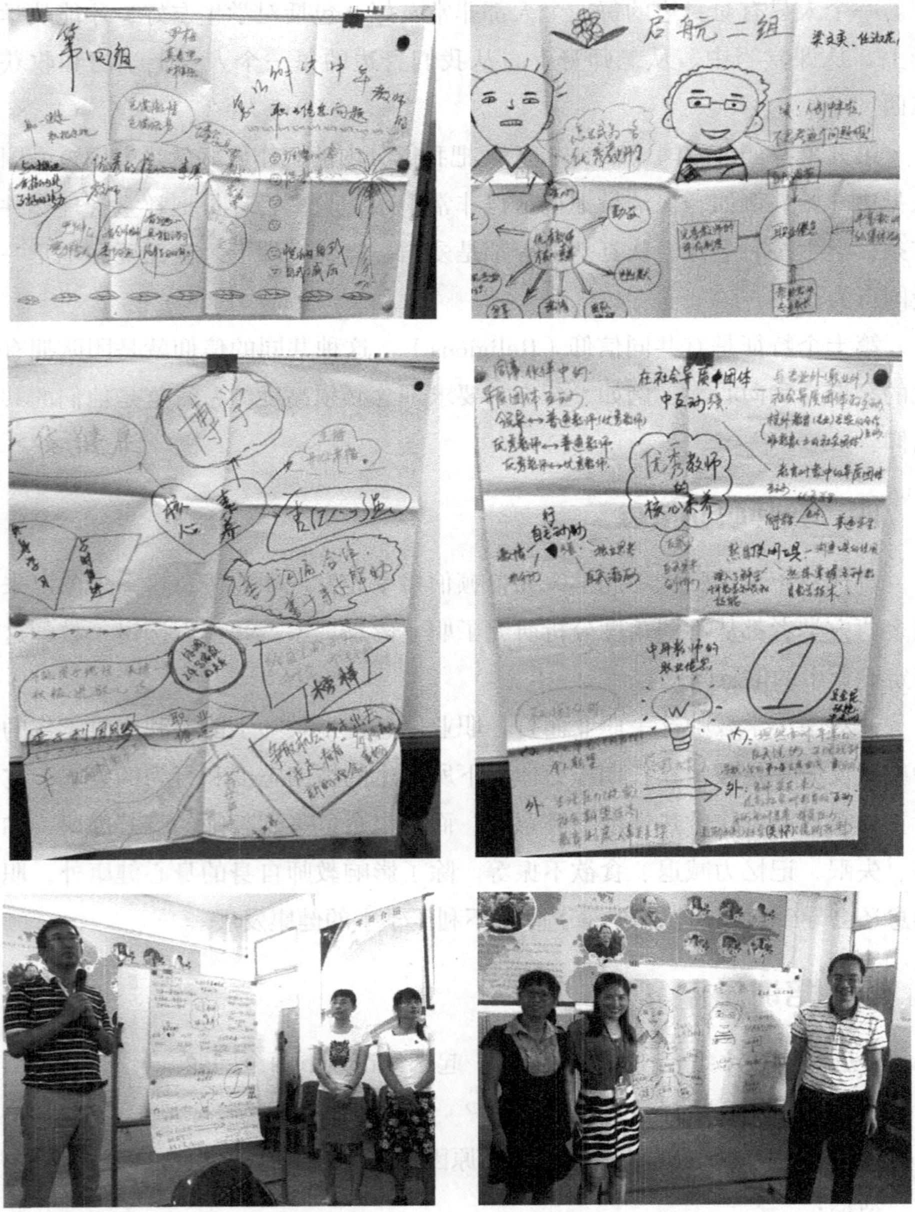

核心素养的汇报成果

工作室规范管理

广东省任黎娜教师工作室开班仪式的活动方案

任黎娜教师工作室是广东省第三批中小学教师工作室粤西地区唯一一所初中地理的名师工作室，为加强名师工作室的建设管理及专业指导，确保工作室各项活动的顺利开展，更好地培养粤西地区的初中地理名师，根据《广东省教育厅办公室关于在2016年开展2015年度中小学骨干教师省级培训跟岗学习的通知》（粤教继办函〔2016〕6号）有关要求，广东省任黎娜教师工作室定于2016年5月29日—6月10日进行广东省骨干教师省级培训跟岗培训。按照计划，工作室于5月30日上午8：15进行开班仪式，仪式过程如下。

一、时间

2016年5月30日上午8：15—9：30。

二、地点

广东省任黎娜教师工作室。

三、出席人员（27人）

（1）校领导：4人（曾文佳校长、谭慧娟副校长、谭水金副校长、刘桂副校长）。

（2）工作室成员和学员：23人（吴金梅、徐海远、廖静、任淑花等）。

四、活动方案

（1）主持人：任黎娜。

（2）主持人介绍出席仪式的领导。

（3）校长致辞（3～5分钟）。

（4）工作室主持人发言（致学员的一封信）。

（5）成员代表发言。

（6）学员代表发言。

（7）学员、成员相互介绍认识。

（8）主持人讲述跟岗的意义、任务、注意事项等。

广东省任黎娜教师工作室

2016年5月26日

工作室成员考核细则

一、日常工作（20分）

（1）计划、总结（10分）

个人要有年度工作计划和总结。（各5分）

（2）听课、指导、交流（10分）

①工作室成员、学员要积极参加工作室的集中研讨活动。（5分）

②名师和成员之间进行双向听课、评课。（5分）

二、活动展示（20分）

（1）积极参与工作室举办的县（市、区）级或以上主题展示活动。（10分）

（2）积极承担工作室举行的县（市、区）级以上教学展示。（5分）

（3）积极承担工作室举行的县（市、区）级以上专题讲座。（5分）

三、名师在线（20分）

（1）定期向工作室公众号提交个人开展教学教研的帖子，用于发布、建立网上名师工作室专栏。工作室成员要积极开展在线互动研讨交流活动。（15分）

（2）工作室成员每月至少上传1篇文稿。（5分）

四、教学研究成果（20分）

（1）工作室成员要积极承担、参与本工作室的教育教学研究课题。（7分）

（2）扎实开展课题研究，有课题研究过程性资料和经验总结材料。（7分）

（3）工作室成员定期发表论文。（6分）

（4）任期内完成课题研究任务，并参加省市基础教育教学成果评奖。（另计加分）

五、成员发展（20分）

本年度，工作室成员在教育、教学、科研等方面取得国家、省、市、县级奖励，每项分别加5、3、2、1分。加分不超过20分。

广东省中小学教师工作室跟岗学习任务要求

（1）工作室主持人应制订学员跟岗学习计划，明确学习任务。学员在跟岗学习期间按规定完成相应的任务。

（2）工作室主持人应在高校所派指导专家的指导下组织实践活动，通过集体备课、双向听课、说课评课、案例分析、课例开发、专题研讨、问题解决、课题研究等形式引导学员进行业务提升，帮助学员及时总结教育教学经验，提升教育教学能力、教研能力等，确保学员完成跟岗学习任务。

（3）工作室主持人及所在学校要做好跟岗学习的宣传工作和资料归档工作。注意收集跟岗学习活动的影像资料，包括公开课或专题讲座材料、教育科研材料、学科教学论文、主持人示范课教案、导师听课录、学员公开课记录、学员评课稿等。及时将跟岗学习的图片及学员的教学反思、跟岗感想等反映跟岗学习的资料上传至博客或微信平台。

（4）工作室主持人要根据学员的工作态度、任务完成情况、教学能力、研究能力等对学员进行跟岗学习的考核，并做出书面鉴定（需说明出勤情况），同时填写“骨干教师培养对象培训成绩考核分表（阶段二）”一式三份，由市县（区）教师培训机构加盖公章后，一份报送培训机构，一份交市县（区）培训机构，一份由教师工作室存档。

（5）主持人及所在学校要及时总结跟岗学习工作，跟岗学习结束后一周内向院校提交跟岗工作总结及相关材料。主持人指导和培养骨干教师的主要业绩将作为对工作室考核评价的主要依据之一。

（6）工作室所在学校及区域的教育局、市县（区）培训机构要协助主持人共同安排好专家及学员的食宿和日常生活。

（7）各教师工作室主持人应服从任务分配院校安排，培训期间应加强与院校的沟通交流，按照要求报送相关材料，同时接受院校及广东省中小学教师培训中心的指导与巡查。

关于中小学骨干教师省级培训跟岗学习的通知

各位学员：

根据《关于做好2015年广东省中小学教师省级培训工作的通知》（粤教继函〔2015〕36号）和《广东省教育厅办公室关于在2016年开展2015年度中小学骨干教师省级培训跟岗学习的通知》（粤教继办函〔2016〕6号）有关要求，广东省任黎娜教师工作室定于2016年5月29日—6月10日进行广东省骨干教师省级培训跟岗培训，请各位学员于5月29日下午5：00—6：00到茂名市汇丰酒店前台办理入住手续，届时将由酒店负责安排学员住宿，我校工作人员将为各位学员办理签到手续并发放学习资料。

注意事项：

（1）携带个人身份证。

（2）携带手提电脑、电源线等办公、备课设备，方便备课和完成相关作业。

（3）要求初步完成开题报告、论文、跟岗计划。

（4）因学校每天上午7：30正式上第一节课，所以已经和酒店协商，于每天上午6：45准时准备简单的早餐给大家。从酒店到学校步行大约15～20分钟时间，请各位学员按时吃早餐。

（5）周一上午7：35到茂名市行知中学参加升旗仪式，请按时到达。

茂名市行知中学

任黎娜教师工作室

行知中学召开任黎娜教师工作室第一次成员会

茂名市行知中学　曾宇沣

2016年5月16日星期一下午3：00，在茂名市行知中学小会议室，由校地理科任黎娜老师主持召开了初中地理名师工作室第一次成员会，此次成员会是在我校任黎娜老师承担省名师工作室主持人的背景下召开的。初中地理名师工作室全省仅有4个，而粤西仅此一家，这是我校极大的荣誉。

任老师首先对来自春晓、博雅、一中附校、龙岭、新世纪等不同学校的工作室成员表示衷心的感谢与欢迎，并做了成员介绍。接着进入了会议的中心环节，由任老师具体介绍工作室。其中谈及工作室的基本情况——这是广东省教厅强师工程系列的一个组成部分，主要的作用是协助培养广东省骨干教师，利用13天一个周期全程跟岗学习的形式，对来自不同城市不同地区的地理教师进行系统、高效的培训。除此以外，任老师明确了在培训过程中以及整个长达两年的工作室运作过程中，参训学员、工作室成员以及学员的不同任务。其中参训学员要在13天之内完成包括跟岗计划、听课记录、课例等16项作业，而工作室成员则要完成公开课、论文等任务，同时学员也要开展相关的地理活动，诸如参观露天矿恢复区、高州根子荔枝园、制作地理简报等等。此外，任老师还对工作室的其他细节进行了具体的说明，比如计划、规章制度等等。

最后，作为工作室的主持人，任黎娜老师强调，要发挥团队合作精神，切忌单打独斗。这为此次成员见面会拉下了帷幕的同时，也为接下来的两年工作室奋斗吹响了嘹亮的号角！

2015年广东省初中地理骨干教师跟岗培训总结

湛江市初级实验中学　吴金昆

我非常荣幸参加这次广东省初中地理骨干教师的跟岗学习培训。这次培训不同于以往的培训——只是进行理论学习。省教育厅对这次培训非常重视，广东第二师范学院培训处对这次培训做了大量的前期调研准备工作，跟岗学校也为本次培训做了大量的工作。本次跟岗学习，我们是到茂名行知中学进行跟岗学习。

2016年5月29日—6月12日，我们11位来自广东各地级市的教师走进了高级教师任黎娜的名师工作室进行跟岗学习。任黎娜老师为了我们这11位教师的专业成长，在12天的学习中想了很多办法，运用了多种方法。观摩各种课型，观看教学录像，参与评课与撰写反思，参加各种讲座，与学员们共同切磋教学教法，与学员对教育教学、课题等内容进行交流，这让我深深地感受到了各位教师深厚的专业素养。而工作室主持人任黎娜老师不仅学识渊博，教育教学水平高，为人也非常热情，极具亲和力。在12天的相处中我从她身上学到了很多，不仅仅是课堂教学的思想方法，还有她工作的热情和态度，做人的低调、朴素。在任老师的感召下，工作室成员之间也相互学习，互相借鉴，共同进步。

在跟岗学习期间，我自觉地把自己当作茂名行知中学的一员，遵守学校的各项规章制度，积极参加各种活动。通过这次跟岗学习，我收获很多，总结如下。

一、更新观念

随着知识经济时代的到来，信息技术在教育领域广泛运用，“教书匠”式的教师已经不适应时代的需要了。这就要求教师既不能脱离教学实际，又要为解决教学中的问题而进行研究。教师必须努力学习先进的教学理念并勇于实践，在实践中不断总结、不断反思，及时提升自己的教学水平。以教师为本的观念应当转变为以学生为本，自觉让出主角的地位，让学生成为主角，充分相信学生，积极评价学生。正如华附提倡的新理念——把课堂交给学生，把空间留给学生，把时间还给学生，把精彩让给学生。教师是学生学习行为的组织者、引导者、支援者，学生是课堂行为的主要发生者。从而构建真正的学习型课堂。

二、拓宽视野

任黎娜工作室为我们学员精心准备了各种前沿、高端、实用的学习项目：“世界咖啡”“如何确保课题研究的进行”、地理野外实践课堂教学观摩、地理实践课教学观摩、名师名家讲座、导师辅导课题开题等。一系列培训、学习项目完成后，学员们都感觉接受了一场场洗礼。各种教育、教学、教研的新理念、新方法、新途径为我们打开了一扇扇通向专业成长的大门。通过跟岗学习，我们基本掌握了开展课题研究的策略，领略了地理野外实践课的操作原则和设计思路。这些体验都让我们开阔了视野，提升了能力。

三、教学常规常态化

1. 教学需要激情

一堂地理课是不是生动，首先看教师是否有一个良好的心态。如果你的心情不好，对课堂应该达到的效果准备不充分，你自然也就缺乏激情，从而厌恶课堂教学。相反，如果你很兴奋，能保持旺盛的精力，相信会很轻松地度过一节课。在听了任黎娜老师和吴金梅老师的同课异构之后，我深深折服于两位教师的课堂激情和感染力。她们给课堂赋予鲜活的生命力。

2. 教学过程要精致

从授课教师的教学过程来看，每个教学环节都要经过精心的准备。我们在讲课时从导入新课到布置作业进行课后小结，每一句话都要很精练，每一个问题的设置都要恰到好处，板书也应充分体现地理知识的结构体系。

3. 要注重知识的传授与能力的培养相结合

任黎娜老师在教学过程中特别注意了这个问题：在了解基础知识的基础上，提出问题让学生思考，指导学生去归纳、去概括、去总结，让学生先于教师得出结论，从而达到在传授知识的基础上使学生的能力得到培养的目标。

4. 地理学科的规范与示范作用

在听了任老师的课之后，我感觉任老师对教材的处理与对课堂的驾驭能力非常强，指图、读图、数据分析等都对学生起到了示范性的作用。

5. 因材施教

茂名行知中学的学生也有很多不同的层次。任黎娜老师的同课异构《等高线地形图的判别》在试讲和正式授课时遇到了不同层次的班级，但是任老师还是灵活地在课堂上进行调整，排除困难，完成教学目标。学生存在差异是客观事实，教师要有教育智慧，充分做好教学准备，切实进行分层教学才能使他们各有收获。

四、跟岗学习效果明显

听了梁文奕、任淑花、罗梅、朱博明等多位资深地理老师的课后，我感觉他们授课饱含激情，教学设计和讲解富有创造力和趣味性。同时，他们几位教师在评课、议课方面，针对专业知识梳理以及知识点讲课技巧，给予了我很好的建议，使我受益匪浅。除此之外，各位教师扎实的专业知识都在课堂与交流中体现了出来。

五、明确了个人专业发展方向

在跟岗学习期间，工作室安排了11位教师向我们分享他们的个人专业发展体会。听了他们不一样的成长经历，见识了名校名师的风采，我深感自己学识的单薄和教研能力的欠缺，对怎样做一个教师有了更深刻的感悟。如何做有魅力的地理教师？如何做反思型的地理教师？如何做研究型的地理教师？没有触动就没有觉醒，没有反思就没有进步。反思之后我也更加明确了自己的个人专业发展方向。作为教师，我一定要多研读教育教学的著作，不断积累，勤于思考，敢于实践，做教育教学上真正的思考者和实践者。积极参与公开课的教学活动。珍惜每一次向他人学习的机会，多交流，多讨论，多听课，吸取他人的优点，弥补自己的不足。利用培训的机会，努力向专家、名师学习，使自己的教学方式、方法有更大的进步。把学、思、行、研四者结合起来，形成自己的教学风格，走出自己的教研之路。勇于担当起学科带头人的重任，在培养年轻教师工作上尽心尽力，培养好科组的团队精神。

培训只是一个开端，只是一个方法，我告诉自己，在今后的工作中必须学以致用，要以十二分的热情、干劲做好教师这一份工作。

附录

参加培训人员作业统计表

作业 姓名					
跟岗计划					
成长计划					
听课本					
评课本					
教学设计					
学案					
上课录像					
教学反思					
读书笔记					
开题报告					
结业报告					
跟岗简报					
常态课					
精品课					
跟岗总结					
跟岗日志					
跟岗记录					

第四篇 课例展示

《地球和地球仪》课例展示

导学案

一、温故知新

	纬线	经线
形状如何？		
一共可以划分多少条？		
长度相等吗？		
指示什么方向？		
划分东西（南北）半球的界限是哪一条？		
0° 线叫什么？		
最大度数是多少？		
纬度、经度用什么符号表示？		

二、活学活用

1. 一架飞机从北京起飞，沿同一经线圈飞行，最终又飞回北京。问，它在飞行途中改变过方向没有？如果沿同一纬线圈飞行，方向改变没有？

2. 判断正误。

（1）两人分别从A、C两地出发，一直向正北方向走，两人永远不可能会合。

（2）某人从B地出发，沿纬线一直向西

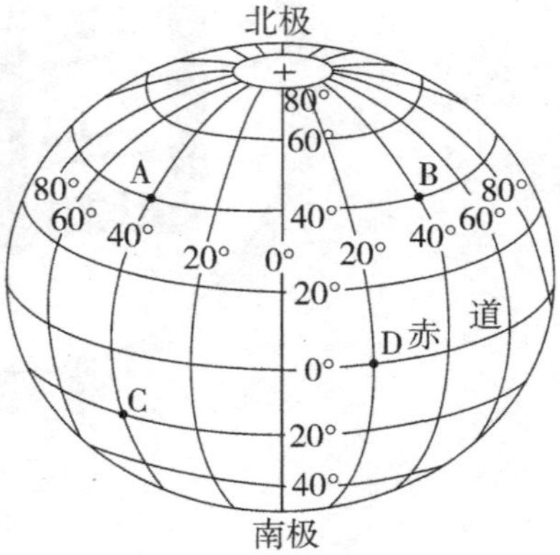

地球经纬度

走，最终将回到出发点B地。

三、交织经纬网基础练习

1. 写出A、B、C、D各点的经纬度。
2. 写出A、B、C、D各点的半球位置。
3. 说出各点的低、中、高纬位置。

四、合作探究

写出图中各点的经纬度及半球位置。

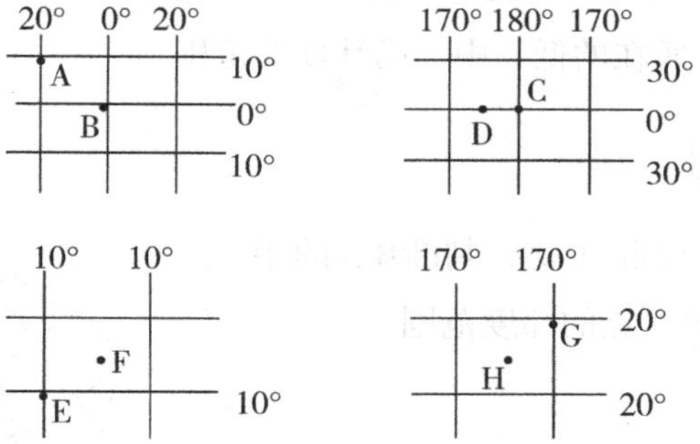

各点位置图

A. ＿＿＿＿＿，B. ＿＿＿＿＿，C. ＿＿＿＿＿，D. ＿＿＿＿＿，

E. ＿＿＿＿＿，F. ＿＿＿＿＿，G. ＿＿＿＿＿，H. ＿＿＿＿＿。

五、小试身手

1. 判断图（1）中表示的是南纬还是北纬，东经还是西经？写出A、B两点的经纬度。

2. 读图（1），标出A（400W，400N）、B（800W，300N）、C（600W，500N）这3个点在图（2）中的位置，并说明A属于的纬度范围、B点的半球位置。

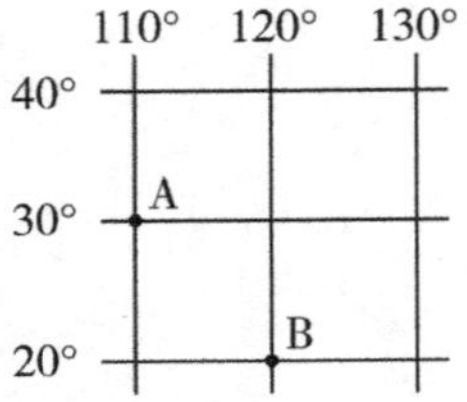

图（1）

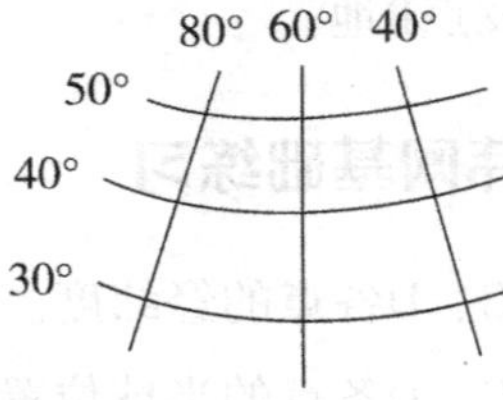

图（2）

各点位置图

六、理论联系实际

茂名全境位于：北纬21° 22′ —22° 42′ ，东经110° 19′ —111° 41′ 。说出它的半球位置及所在的低、中、高纬度的范围。

七、自主练习

请说出A点的经度和纬度，判断B点的半球位置，并说出A、B二点的纬度范围。

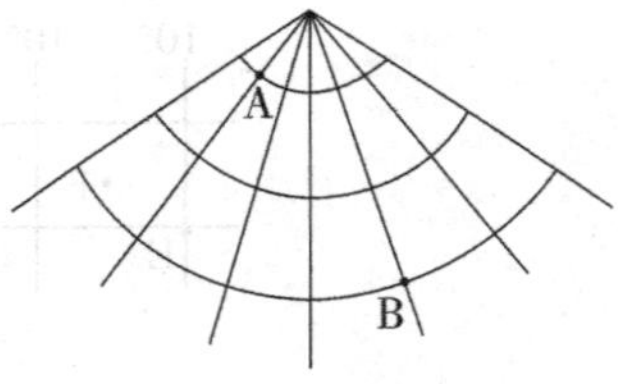

A、B两点位置图

八、难点突破

（1）请说出图中A、B、C点的经度和纬度，并判断它们的半球位置。

（2）分别找出与A、B、C点经过的经线构成圆的另一条经线。

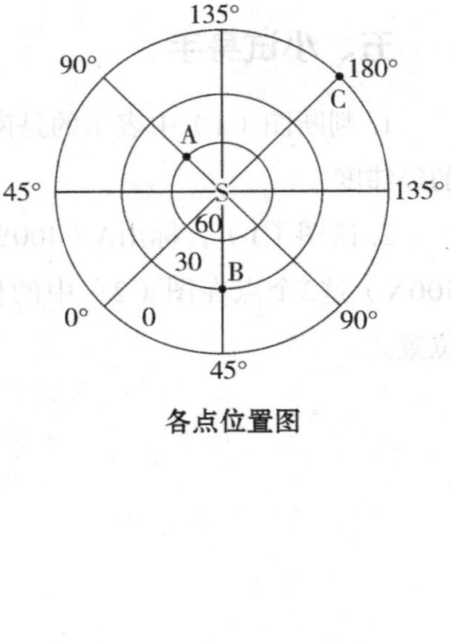

各点位置图

教学设计及反思

【教学目标】

1. 复习认识地球形状的过程和描述地球大小的相关数据。
2. 巩固经线和纬线的概念，掌握经度、纬度的含义。
3. 熟悉特殊的经线和纬线。
4. 掌握南北半球和东西半球的划分方法。
5. 熟练利用经纬网确定某地的地理位置。

【教学重点】

1. 准确辨认经线和纬线、经度和纬度。
2. 熟悉南北半球和东西半球的划分方法。
3. 利用经纬网确定某地的地理位置。

【教学难点】

1. 东西半球的划分方法。
2. 利用经纬网确定某地的地理位置。

课型：复习课。

【教学方法】

考点梳理、读图分析。

【教学过程】

教学环节	教师活动	学生活动
开门见山 直入话题	（一）地球的形状 1. 认识地球形状的过程 “盖天说”→“浑天说”→“地球是个球体”。 2. 地球的形状 经过科学家的精密测量，发现地球是一个两极稍扁，赤道略鼓的不规则球体。 3. 证明地球是球体的事实 （1）观察海上归来的帆船：先看到桅杆，再看到船身。 （2）月食：每当月食发生时，月面上呈现的地球阴影的边缘为圆弧形。 （3）麦哲伦环球航行成功。	认真细读知识点，跟上思路，解说问题

续 表

<table>
<tr><th>教学环节</th><th>教师活动</th><th>学生活动</th></tr>
<tr><td rowspan="2">开门见山
直入话题</td><td>（4）视点越高，看到的地面范围越大。
（5）人造卫星从宇宙空间拍摄到的地球照片，等等</td><td rowspan="2">认真细读知识点，跟上思路，解说问题</td></tr>
<tr><td>（二）地球的大小
描述地球大小的几个数据：
平均半径——6371千米。
赤道周长——约4万千米。
表面积——5.1亿平方千米</td></tr>
<tr><td>温故知新
知识梳理</td><td>（三）地球仪

地球仪知识
<table><tr><th></th><th>纬线</th><th>经线</th></tr><tr><td>形状</td><td>圆（极点除外）</td><td>半圆</td></tr><tr><td>数量</td><td>无数条</td><td>无数条</td></tr><tr><td>长度</td><td>不等长（赤道最长）</td><td>等长</td></tr><tr><td>指示方向</td><td>东西</td><td>南北</td></tr><tr><td>东西（南北）半球的划分界线</td><td>赤道</td><td>20° W和160° E组成的经线圈</td></tr><tr><td>0° 经纬线</td><td>赤道</td><td>本初子午线</td></tr><tr><td>最大度数</td><td>90°</td><td>180°</td></tr><tr><td>纬度、经度的表示符号</td><td>用“N”“S”表示</td><td>用“E”“W”表示</td></tr><tr><td>度数是怎样划分的?</td><td></td><td></td></tr></table>
特殊的经纬线
（1）低、中、高纬的划分。
低纬：0° ~30° N（S）。
中纬：30° ~60° N（S）。
高纬：60° ~90° N（S）。
（2）回归线：23° 26′ S，23° 26′ N。
（3）极圈：66° 34′ S，66° 34′ N。
（4）极点：90° S，90° N</td><td>自由举手，进行知识抢答；齐读比较表</td></tr>
<tr><td>活学活用
效果检测</td><td>（1）一架飞机从北京起飞，沿同一经线圈飞行，最终又飞回北京。问，它在飞行途中改变过方向没有？如果沿同一纬线圈飞行，方向改变没有？
（2）判断正误。
① 两人分别从A、C两地出发，一直向正北方向走，两人永远不可能会合。</td><td>同桌讨论完成，举手回答</td></tr>
</table>

续 表

教学环节	教师活动	学生活动
活学活用 效果检测	② 某人从B地出发，沿纬线一直向西走，最终将回到出发点B地	同桌讨论完成，举手回答
课堂练习 我来解答	交织经纬网、合作探究、小试身手	分四大组完成能力训练题，反馈与矫正
分析总结 建立框架	1. 经度及南北半球的判定规则 纬度判定：以0° 纬线赤道为起点，向北增大的为北纬，向南增大的为南纬。 南北半球划分：赤道以北为北半球（北纬在北半球），赤道以南为南半球（南纬在南半球）。 2. 经度及东西半球的判定规则 经度判定：以0° 经线（本初子午线）为起点，向东增大的为东经，向西增大的为西经。 东西半球的划分：20° W以东过0° 经线至160° E为东半球，20° W以西过180° 至160° E为西半球（或者经度大于160° 都在西半球，小于20° 都在东半球；其余东经在东半球，西经在西半球）	掌握知识规律
学以致用 提高能力	茂名全境位于：北纬21° 22′ —22° 42′ ，东经110° 19′ —111° 41′ 。说出它的半球位置及所在的低、中、高纬度的范围	理论联系实际，回答问题
课堂小结 巩固课堂	（1）知识点。 （2）能力要求：在地图上能判断并写出某点的地理坐标，或根据提供的地理坐标在图上找到位置	
作业布置 延伸课外	自主练习、难点突破	巩固知识，拓展练习

【教学反思】

本节课的内容是七年级地理教学的重点，也是难点。往往学了两学期，还是有很多学生分辨不清楚经线和纬线。所以，在课堂上充分调动学生的积极性，发挥学生的课堂主导作用，通过学生自主学习，然后用问题来引导巩固他们学习的知识，显得尤为重要。

1. 教法分析

本节课通过精心的设计，把知识点有效地整合，尽可能地尊重学生、鼓励学生、相信学生、引导学生，激发学生的学习兴趣，化被动为主动，让学生在快乐的氛围中主动探讨、合作交流，让学生学会自觉知识，自得方法，使他们乐学，也会学。本节课内容生涩枯燥，难学难懂，我在设计课堂一系列的活动时，把趣味性与知识性相结合，注重由浅入深、循序渐进、步步引导。这种方式符合学生的认知规律，收到了良好的效果。

2. 学法分析

学生是课堂的主人，在课堂中，学生主动参与，人人动手动脑，在轻松的学习环境中发挥每名学生的自主性，使得学习的过程很愉快。同时学生又循序渐进地掌握了学习的方法，有利于培养他们的自主学习能力。在张弛有度、轻松愉快的课堂气氛中，学生将不再觉得学习是一种沉重的负担，理解知识、消化知识的速度和程度也会大大提高，从而达到"授人以渔"的目的。

3. 课堂总结

（1）开门见山、直入话题。

（2）温故知新、知识梳理。梳理本节课的知识点，理顺学生的学习思路，通过表格填充的方式，加强学生对知识点的巩固和记忆。

（3）活学活用、检测效果。通过学生对问题的解答，来检测其对各知识点掌握的情况。

（4）课堂练习、我来解答。此环节设计了交织经纬网、合作探究、小试身手3个环节，学生完成由浅入深、层层递进的能力训练题，而教师通过课堂反馈及时纠错的方式，来强化学生对知识点的理解。

（5）分析总结、建立框架。通过阶段性的归纳总结，引导学生找出所学知识的规律，以便更好地运用它。

（6）学以致用、提高能力。列举与学生熟悉的生活有关的问题，培养他们理论联系实际的能力。

（7）课堂小结、巩固效果。一是知识的小结，二是能力要求的总结。

（8）布置作业、延外课堂。通过对自主练习与难点突破环节的设计，将学生的学习由课内延伸至课外，提高学生主动学习的能力。

4. 课后反思

通过课堂反馈信息，学生参与课堂的意识强，能各抒己见、张扬个性，通过读图分析、讨论、交流、合作等方式，大多数学生基本能准确地在地图上确定方位。体现出了以学生为主体的教学新理念，得到师生的认可。课堂上注重学法指导，教会学生学习地理的方法，发挥学生学习主体的作用，让学生学会求知，学会自我发展，使他们真正成为教学的主体，成为学习的主人。我充分利用地理教学的特点，培养学生的思维能力，使学生学会思考地理环境问题，学会解决问题，学会创新和自我发展。

通过反思，我认为在今后的地理课上还需要慢慢地引导学生掌握阅读教材的方法，加强学生学习方法的指导，培养学生良好的学习习惯，等等。通过各种有效的策略，激发学生学习地理的兴趣，培养学生的思维方法，使学生在探究问题的过程中提高独立思考、自主学习的能力。

《等高线地形图的判读》课例展示

导学案

班级：__________ 学号：__________ 姓名：__________

完成时间15分钟。

一、知识检测题部分

1. 海拔高度与相对高度

问题1：甲地的海拔高度是多少？

问题2：甲、乙两地的相对高度是多少？

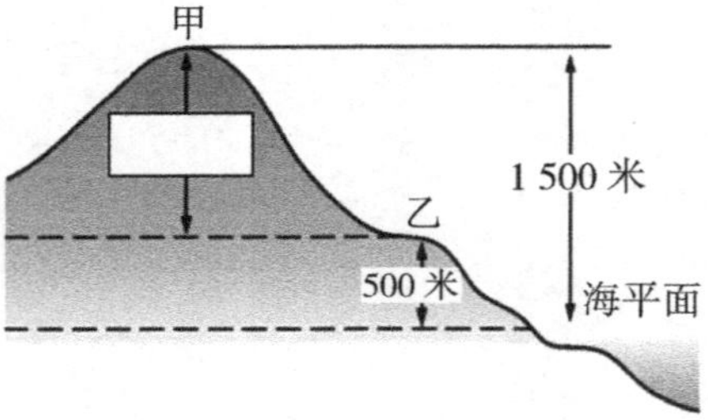

甲、乙两地海拔高度

问题3：A地的海拔高度是多少？

问题4：A、B两地的相对高度是多少？

问题5：B、C两地的相对高度是多少？

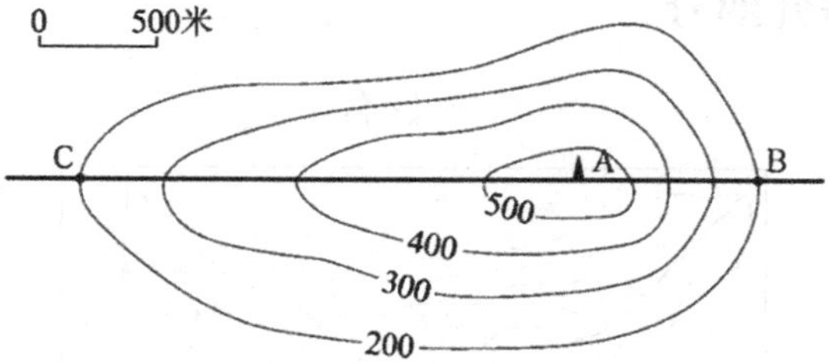

各点海拔高度

2. 5种地形种类和山体的5个部位

问题1：请根据特征描述写出相应地形种类的名称。

地势起伏，平均海拔比较高。　　　地形（　　　）

地势起伏，平均海拔不高。　　　　地形（　　　）

地势平坦，平均海拔比较高。　　　地形（　　　）

地势平坦，平均海拔不高。　　　　地形（　　　）

问题2：请用自己的语言描述一下“盆地”地形的特征。

问题3：请完成下面的连线题（把图中表示的山体部分与相应名称连起来）。

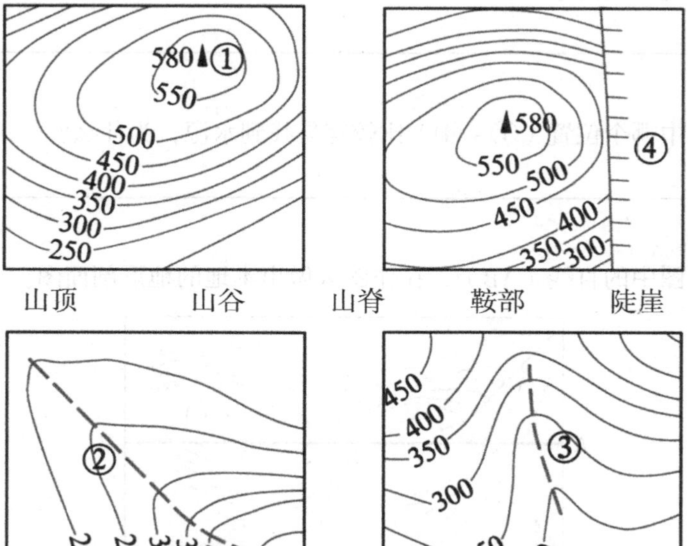

各点地形

二、课堂探究部分

班别：　　　　　　　　　　　　　　　姓名：

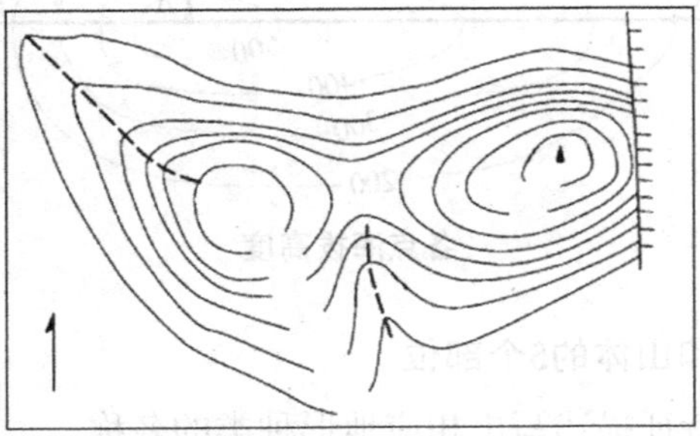

地形图

任务1：

照片1所拍摄的地点是________。

照片2所拍摄的地点是________。

照片3所拍摄的地点是________。

任务2：

你选择的路线是________。

你选择此路线的原因：

____

任务3：

在地图中哪个位置（①～④）比较容易找到水源，为什么？

____

任务4：

请沿着图中的直线（AB），在作图区做出本地的地形剖面图。

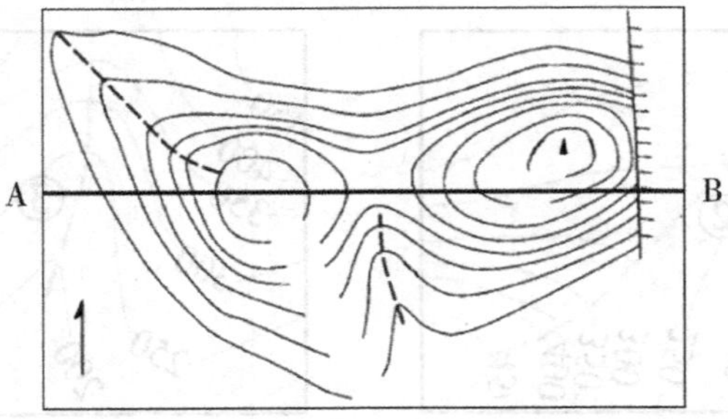

地形图

作图区

教学设计及反思

【教学设计】

教学设计方案	
课程	地形图的判读
课程标准	会在等高线地形图上识别山峰、山脊、山谷，判断山坡的陡缓，估算海拔和相对高度等。 会在地形图上识别5种主要的地形
教学内容分析	人教版
教学目标	1. 让学生了解地形图的种类（等高线、剖面、分层设色），并了解这些地形图的制作原理。 2. 让学生了解等高线图上山峰、山脊、山谷、悬崖、鞍部的等高线形状特征，并掌握判读技巧。 3. 让学生了解等高线、海拔高度、相对高度的概念（预习），掌握在等高线图上判读海拔、计算相对高度的方法
学习目标	让学生掌握通过等高线的稀疏判断山坡陡缓的方法
学情分析	学生很少接触这些地形图是导致学生对地图学习产生障碍的原因之一
重点、难点	了解等高线图上山峰、山脊、山谷、悬崖、鞍部的等高线形状特征，并掌握判读技巧。 让学生掌握通过等高线的稀疏判断山坡陡缓的方法
教与学的媒体选择	电子白板PPT学案（学习任务纸）

续表

教学设计方案		
课程实施类型		偏教师课堂讲授类
	√	偏自主、合作、探究学习类
	备注	

教学活动步骤			
序号	具体内容	课堂教学环节/学习活动环节	长度
1	教师运用PPT向学生介绍各种地形图	引入	1～2分钟
2	下发学案，教师讲解学习任务	下达学习任务	3分钟
3	以小组为单位，共同完成4个学习任务：①结合找地点外观图片和测量的高度信息，在所发等高线图中找出4个地点；②找出河流所在位置；③根据要求选择行进线路；④画剖面图	先个人完成任务，然后进行小组合作探究	15分钟
4	（1）教师讲解重要知识点（等高线地形图上的高度、坡度、地表形态、剖面图的绘制）。 （2）点评学生学习任务的完成情况	教师讲评	15分钟
5	总结本课学习要点和学习技巧	课堂小结	5分钟
……			

教学活动详情	
教学活动1： ①让学生根据给出的实地照片和信息提示“测量的海拔高度”在等高线地形图上找出4个地点；②找出河流所在位置；③根据要求选择行进线路	
活动目标	1. 掌握在等高线图上判读海拔的方法。 2. 了解等高线图上山峰、山脊、山谷、悬崖、鞍部的等高线形状特征，并掌握判读技巧
解决问题	促使学生把学到的知识应用在实际问题的解决中。 在教师“讲”之前，摸索判读地形图的方法
技术资源	主要是运用PPT展示4处地表形态的照片
常规资源	印制教案（学习任务纸）

续表

教学活动详情	
活动概述	教师要把学习任务清晰地描述出来，使之生活化、有趣化。 学生在教师发布任务后，在没有教师“帮助”的情况下，和同学摸索解决所遇到的问题
教与学的策略	先练后教。 先思考后讲解。 先让学生对基本知识进行课前预习（等高线的定义、海拔高度、相对高度的定义）。 教师的讲解不要把重点放在“正确答案”上，而是要放在“正确的思路方法”上。 教师对相关知识要点的讲解是不可替代的，既要求覆盖全，又要精练准确
反馈评价	（对本阶段学生表现的评价方法以及对学生的反馈）
教学活动2： 教师板演“地形剖面图”的绘制	
活动目标	让学生学会阅读地形剖面图
解决问题	学生对这一类“不常见”的地图的阅读困难
技术资源	电子白板
常规资源	黑板
活动概述	教师在电子白板或黑板上的坐标轴上，演示剖面图的绘制过程
教与学的策略	让学生清晰地“目睹”等高线地形图与剖面图的转换过程以及后者的绘制过程，从而掌握对该图的阅读技巧
反馈评价	
…………	
评价量规	
其他	
参考书	
备注	

【教学反思】

通过两个教学班的具体实践，我有以下反思。

1. 预习要找准内容

借助学习网络平台进行任务推送的方式有利于督促学生进行课前预习。而课前预习学生自主完成难度不大，这对于后续学习比较重要的概念性知识，可以大大减少课内教师的讲课时间。同时，通过对学习任务的完成情况的统计，我发现学生对于海拔高度、相对高度的计算能力也是可以的。所以这两部分内容，教师在课堂上可以不重复讲解。

2. 课内小组合作学习的关键是学习任务的设计与说明

小组合作学习能否动起来，关键是看学习任务的设计。合理巧妙的学习任务能突出需要学生掌握的重点知识技能和难点。

任务说明也很重要，因为这些任务是在教师讲之前让学生独立思考完成的，所以必须明确地说明他们要做什么。

3. 教师对相关知识点的讲解是不可缺少的

不要以为任务做对了教师就可以不讲了，其实这是误区。学生在自主探究的情况下完成的任务带有很多“盲目”“运气”的成分。学生需要被老师认可，更需要老师指导。精练的讲解能强化学生的认知，而且讲解的重点不是答案，而是解题思路。

《美国》课例展示

导学案

一、重难点

美国的自然地理特征。

二、自主学习

认真读课文、读地图，完成知识梳理。

美国的概况：

1. 领土组成

读课本图8–48和P95文字，回答：

美国领土包括______、______州、______州3部分。其中______州属于大洋洲，其余两部分属于______洲。

2. 位置

读图8–39（P90）判断：

（1）经纬度位置：位于北纬______至______之间。

（2）半球位置：位于______半球、______半球。

（3）海陆位置：位于北美洲______，东临______，西临______，南临______，北接______，南接______。

3. 地形、河流、湖泊

读图8–39（P90）找出下列地理单元。

地形：西部______，中部______，东部______，地势______高______低。

河流：美国最长，世界第四长河________，流向由________向________，注入________。

湖泊：位于美国与加拿大交界处的________，是世界上最大的淡水湖群，分别是________、________、________、________、________。其中，完全属于美国的湖泊是________。世界上最大的淡水湖是________。

三、合作探究

历史演变：

美国建国初有________个州，现有________个州。其中本土有________个州，海外有________个州，除此之外，本土还有1个________，不属于任何国家。

四、展示提升

小组选代表发表见解。

五、达标测试

1. 美国的领土分布在几个大洲上？（　　）

A. 1个　　B. 2个

C. 3个　　D. 4个

2. 美国的两个“海外州”是（　　）。

①夏威夷州　②佛罗里达州　③阿拉斯加州　④加利福尼亚州

A. ①②　　B. ①③

C. ②④　　D. ①④

3. 下列关于美国城市的叙述，正确的是（　　）。

A. 美国的电影中心好莱坞位于旧金山附近

B. 西雅图是美国著名的汽车城

C. 底特律以钢铁制造工业闻名世界

D. 芝加哥是美国的交通中心

4. 美国位于北冰洋沿岸的州是（　　）。

A. 夏威夷州　　B. 加利福尼亚州

C. 阿拉斯加州　　D. 佛罗里达州

5.美国最长的河流是（　　）。

A. 圣劳伦斯河　　B. 密西西比河

C. 亚马孙河　　D. 科罗拉多河

6. 下列国家的领土被北回归线和极圈穿过的是（　　）。

A. 俄罗斯　　B. 中国

C. 美国　　D. 澳大利亚

7. 世界上最大的高新技术产业区是以哪所大学为依托发展起来的？（　　）

A. 斯坦福大学　　B. 哈佛大学

C. 耶鲁大学　　D. 麻省理工学院

8. 下列国家与该国首都对应正确的是（　　）。

A. 日本—横滨　　B. 埃及—亚历山大

C. 美国—华盛顿　　D. 俄罗斯—圣彼得堡

六、小结

看看自己在本节课中掌握了哪些知识？试着归纳一下。

教学设计及反思

【教学目标】

1. 了解美国的位置和组成，知道其领土变化的原因和过程。

2. 了解美国自然环境的特点，掌握主要的地形区和气候类型。

3. 了解美国自然资源的丰富性。

4. 运用美国的地形图、气候图，分析美国自然环境的优越性。

【教学重点】

美国的位置、领土组成、地形、气候和资源概况。

【教学难点】

学会分析美国自然环境的优越性。

【教学工具】

世界政区图、美国的地形图、美国的气候图、美国的矿产资源图、相关图片、课件等。

【教学过程】

导入新课：

学生活动1：（填一填）完成幻灯片的问题。

学生活动2：（说一说）看幻灯片的图案回答问题。

学生活动3：（看一看）看美国国旗，说出它所表达的意思。

美国国旗的左上角蓝色星区内一共有50颗白色五角星，它们分别代表美国的50个州；星区以外还有13道红白相间的条纹，它们代表美国最初独立时的13块英国殖民地。

老师介绍：美国领土组成的历史，幻灯片显示资料的引述。

板书1：

一、领土的组成

1. 三个部分组成

师生共同活动（黑板画图）：

第一环节
- 男生1：画阿拉斯加轮廓并标出北极圈
- 女生1：画夏威夷轮廓并标出北回归线

老师：画本土轮廓并标出30° N—50° N的纬线以及70° W—125° W的经线。

第二环节
- 女生1：填阿拉斯加周围的海洋与海峡并介绍
- 男生1：填夏威夷周围的海洋与所在的大洲并介绍
- 男生2：填本土周围的海洋并介绍

板书2：

2. 位置
- 海陆位置（本土）
- 纬度位置
- 经度位置
- 半球位置

老师小结：

（1）美国的经纬度位置、半球位置、海陆位置和邻国。（美国位于西半球的北温带，东临大西洋，西临太平洋，南临墨西哥湾，西南与墨西哥相邻，北临加拿大，是一个海陆兼备的国家。）

（2）阿拉斯加位于北极圈附近，大部分地区属北温带，少部分地区属寒带。夏威夷位于北回归线附近的热带太平洋地区，属热带。

板书3：

面积：约930多万平方千米。世界第4位。

过渡：美国国土辽阔，自然资环境况怎样呢？

板书4：

二、自然环境

1. 地形和河湖（师生互动共同完成）

展示美国的地形图（幻灯片或看课本90页地图）。

老师：同学们，请从图上找出阿巴拉契亚山脉、落基山、科迪勒拉山系、中央大平原、密西西比河、圣劳伦斯河和五大湖。

老师：美国的地形有什么特点？哪种地形面积最大？

学生：美国的地形东西高，中间低，即西部为山地，中间为平原，东部为低矮的高原。其中，平原面积最大，占全国总面积的一半。

轻松一下：欣赏美国自然风光图（最后一张为密西西比河和尼亚加拉瀑布图片）。

老师：密西西比河是世界第几长河？流向是怎样的？注入什么海？

学生：第四长河；自北向南注入墨西哥湾。

老师：五大湖的名称、位置是怎样的？完全属于美国的是哪一个？

学生1：苏必利尔湖（世界最大的淡水湖泊）。

学生2：密歇根湖（完全属于美国）。

学生3：休伦湖。

学生4：伊利湖。

学生5：安大略湖。

老师：同学们回答得很好。

2. 气候

展示美国的气候图（幻灯片）。

老师引导：美国是一个海陆兼备的国家，三面环海，对气候影响非常大。大家观察图，看看美国有哪些气候类型？最主要的是哪种？

由一名学生上讲台来介绍：

①类型：温带大陆气候、亚热带温润气候、温带海洋气候、高山气候等。其中最主要的是温带大陆气候。

②大概的分布位置。

老师：与茂名的气候类型基本相同的是哪一个？

学生：亚热带温润气候。

老师：对，它的降水稍微多一点。从图上可以看出，美国的气候复杂多样，这和我国气候也有相同的地方。

3. 资源

展示美国本土矿产资源图（幻灯片）。

找一找：找出美国主要的资源占世界的比重。理解美国资源的丰富性，讨论这对于美国的经济发展有何影响。

总结：通过阅读图表、资料，合作讨论，我们理解并学习了解了美国的位置、范围，自然环境特点和丰富的资源，它对美国经济的发展有什么样的影响呢？下一节我们再学习。

【板书设计】

一、领土组成

1. 三部分组成

2. 海陆位置、经纬度位置和半球位置

二、自然环境

1. 地形：①西部山地：落基山（科迪勒拉山系）；②中部平原：大平原；③东部山地：阿巴拉契亚山脉。

2. 河流和湖泊：密西西比河、五大湖（苏必利尔湖最大）。

3. 气候类型：温带大陆性气候。

4. 自然资源：矿产、森林、草原和耕地。

【教学反思】

《美国》的第一课时教学结束了，为了更好地教好学生，为了更好地服务于教学，总结经验、吸取教训，教学反思不失为一种自我提高的捷径。现将上过的《美国》第一课时地理教学反思整理如下：

美国是当今世界上经济实力最强的国家，也是世界地理教学中国家地理部分的重要内容之一。教学的目标是：了解美国的位置和组成，知道其领土变化的原因和过程；了解美国自然环境的特点，掌握主要的地形区和气候类型；了解美国自然资源的丰富性。学生能运用美国的地形图、气候图，分析美国自然环境的优越性。本节课主要介绍了美国的地理位置、领土组成、地形、气候、河流等自然条件的特点。

我在《美国》这一课的教学中能依据课本，但不拘泥于课本，从学生最熟悉的生活中的事物导入，引起学习兴趣。我在本节教学过程中设计了师生共同画图的活动：

① 画美国的3个组成部分。

② 学生介绍美国的海陆位置。

③ 学生介绍美国的气候等活动。

通过以上的教学活动使学生对美国的自然环境有了正确的认识，为下一节学习美国的农业打下了良好的基础。整节课注重培养学生读图、绘图、分析图的能力；在教学的各个环节中，注重对学生兴趣的培养，引导质疑，鼓励学生大胆表现自我，勇于探索问题、思考问题、分析问题、解决问题。为了巩固本节课所学习的内容，我还结合茂名市中考的实际情况设计了相应的练习题。

回顾整节课，教学过程中各个环节紧扣，过渡自然；讲解力求风趣幽默，注重提高课堂教学质量和效果。不足之处是普通话不够标准，学生活动应设计更多一些。通过这次上课，我认为唯有不断反思自己的教学，才能发现问题，找准问题的症结，不断完善自己的教学，在反思中求得进步。

《农业》课例展示

导学案

一、我国南、北方农业的差异

	耕地类型	耕作制度	粮食作物	油料作物	糖料作物	主要水果
北方		长城以北：	长城以北：			
		长城以南：	长城以南：			
南方						

二、随堂练习设计

1. 三江平原、松嫩平原粮食集中产区的主要粮食作物是（　　）。

A. 水稻　　B. 冬小麦

C. 春小麦　　D. 谷子

2. 以下地区不属于出口农产品基地的是（　　）。

A. 山东半岛　　B. 江汉平原

C. 太湖平原　　D. 珠江三角洲

3. 关于我国经济作物分布的叙述，不正确的是（　　）。

A. 油菜是我国种植面积最广的油料作物，最大产区是长江流域

B. 糖料作物中，甘蔗喜湿热，主要分布在华南及四川盆地，最大产区为海南省

C. 茶叶是我国传统的农产品，秦岭-淮河一线以南的丘陵、山地为主要产区

D. 山东、河南两省为花生的主要产区

4. 我国优质长绒棉的主要产区是（　　）。

A. 新疆　　B. 四川盆地

C. 山东省　　D. 海南省

5. 我国水稻的集中产区所属的温度带主要是（　　）。

A. 亚热带和热带　　B. 中温带

C. 暖温带　　D. 寒温带

6. 对我国农业生产不利的气候特点是（　　）。

A. 雨热同期　　B. 夏季全国普遍高温

C. 气候类型复杂多样　　D. 降水年际变化大

三、个性练习设计

读课本中“中国小麦、水稻分布图”，完成下列题目。

（1）在图中画出我国南、北方地区的大致界线。

（2）把三江平原、松嫩平原、洞庭湖平原、鄱阳湖平原、成都平原这5个粮食产区的序号填注在图中。

（3）三江、松嫩两平原发展农业生产的优势条件是__________。这里除粮食外，还广泛种植的经济作物是喜________（温凉、湿热）的________。

教学设计及反思

【教学目标】

1. 知识目标

（1）了解农业的概念、农业的主要生产部门及主要产品。

（2）通过了解农业发展的成就，认识社会主义制度的优越性。

（3）了解种植业是我国最重要的农业部门，并掌握我国主要粮食作物和经济作物的分布，主要农业区与商品粮基地的分布，初步学会分析农业生产与自然条件的关系。

2. 能力目标

学会分析我国农业分布的特点。

3. 情感、态度与价值观

（1）对学生进行热爱祖国、热爱家乡的爱国主义教育。

（2）对学生进行环境保护和可持续发展观的教育，使其树立初步的环境观和可持续发展的观念。

【教学重点】

我国主要粮食作物和经济作物及其分布。

【教学难点】

商品粮基地的分布及分析农业生产与自然条件的关系。

【教学过程】

精心创设情境，带领学生走向自然、走向生活，注重启发性和趣味性，增强教材的实践性和探索性，着力体现课改纲要中的“改变学生的学习方式，重视学生的学习过程”这一理念。

1. 新课导入

我们每天喝的牛奶，吃的米饭、蔬菜、瓜果、鱼肉，穿戴的衣帽，都是由哪一个产业生产的或是由哪一个产业提供原料的？下面我们就开始学习我国的农业。展示“我国耕地分布图”。

2. 新课学习

（1）学生阅读课本第一节农业，P83—P88。

（2）学生观看视频“中国农业的发展现状”。

（3）学生自主提出疑问。

① 学生大约提出5 ~ 8个问题。

② 老师可以按照课本的内容编排顺序对问题进行编号。

③ 学生对问题进行讨论、思考。

④ 学生回答问题。

⑤ 老师对教学内容进行小结，要围绕本课的核心教学内容“我国农业分布的特点，我国主要粮食作物和经济作物及其分布”展开。

【课后活动】

（1）调查附近一个村庄的农业生产状况，写出调查报告。分析其成功的地方，指出其存在的问题，提出建设性的意见。重点说明因地制宜发展农业的重要性。

（2）讨论：你认为今后中国农业发展的方向是什么？

附录1

本课的主要问题

1. 农业的概念是什么（什么是农业）？
2. 农业的主要生产部门有哪些？
3. 我国的农业发展现状是怎样的？
4. 我国粮食作物的分布是怎样的？
5. 我国经济作物的分布是怎样的？
6. 我国农业发展的有利条件和不利条件是什么？

附录2

板书：

第一节农业
一、农业的概念
二、农业的主要生产部门
三、我国农业发展的现状
四、粮食作物的分布情况
五、经济作物的分布情况
六、我国农业发展的有利条件和不利条件

【教学反思】

在课堂上，我们不单要向学生传授知识，还要培养学生发现问题以及解决问题的能力。这节课我主要是为培养学生发现问题以及解决问题的能力所做的尝试，努力培养学生自我学习的能力。在课堂上学生的表现确实不错，基本上达到了当初的设计效果。学生也基本上能适应这种教学模式，积极配合课堂教学。现就本节课的教学情况总结如下：

（1）本节课我准备的还是比较充分的，以为会有不错的课堂效果，结果课堂气氛不够活跃。

（2）学生提出的问题不够全面，没有紧扣教学内容。这可能与学生初次上此类课，还比较陌生有关。

（3）问题在课堂上生成，考验了教师对基础知识的掌握以及课堂把控能力。课前教师要做好充分的准备。

（4）由于时间没把握好，虽然把本节知识结构展示出来了，但没有达到较好的效果，这是以后教学要注意的方面。

1. 说教法

本节课内容不多，但比较枯燥。如何做到高效，并能最大限度地发挥学生的主体作用，激发学生兴趣呢？本节课主要采用了“以学定教，问题导向”的教学方法。

2. 说学法

教会学生自主学习，在学习中发现问题、解决问题。使学生学会合作，通过讨论，培养学生的互动能力，使学生学会合作学习。

3. 课堂反思

我认为一堂好课是通过师导生演，让学生很好地融入课堂，积极参与和自主探究，在轻松愉快的氛围中就完成教学。教学是一门艺术，要想把握好这门艺术得付出巨大的努力。尤其是在新课程改革的今天，我们要拥有教学创新的先进意识与能力。

附录1

广东省任黎娜地理名师工作室简报

（第2期）

举行了开班仪式之后，意味着工作室的第一期培训正式拉开了序幕。

本期主要简介：工作室主持人任黎娜老师主讲“名教师养成记”专题讲座；任黎娜老师、吴金梅老师的《等高线地形图》同课异构。

一、主题讲座

2016年5月31日上午，在茂名市行知中学任黎娜教师工作室，工作室主持人任黎娜老师举行了一场主题为“名教师养成记”的专题讲座。此次讲座与前一天下午的科组建设专题相互补充。前一天的讲座侧重于集体，今天的讲座主要从个人成长的角度进行阐述，内容紧扣“名教师的核心素养”这一重心，由浅入深地谈了3个问题：

第一个问题是“什么是核心素养”。任老师在结合自身的经验进行分析之后，很快地引出了讲座的第二个环节——几种不同模型的价值取向，包括了成功生活取向、终身学习取向、个人发展取向、综合取向等4个方面。在这一环节，任老师还结合了国内对于核心素养的研究为学员开拓了眼界。第三个环节谈到了作为一名优秀教师，该有的核心素养问题。这里，任老师先引用了美国和新东方教师的核心素养材料，然后引导学员思考——优秀教师的核心素养是什么？

讲座的后半部分围绕“怎样解决中年教师的职业倦怠？”这一问题，进行了学员之间的自由探究活动，然后由学员代表汇报成果。

工作室主持人任黎娜老师在主讲

学员讨论中

学员动手活动

二、同课异构活动

2016年5月31日下午，任黎娜地理名师工作室开展同课异构活动。工作室主持人任黎娜和成员吴金梅在茂名市行知中学分别上了一堂观摩课。两位老师上课的内容为《等高线地形图》。

此次同课异构活动，先由来自龙岭学校的吴金梅老师在教室上第一节课。在课堂上，吴金梅老师让学生用拳头代替山峰，在手上描画等高线，简单、直观、有趣，教学实践性强，通过对学生的指导，调动了学生的学习兴趣。

吴金梅老师在讲课

学生按老师的讲解去实践

学员在认真听课

学生踊跃回答问题

第二节由工作室主持人任黎娜老师在室外沙池用毛线勾绘等高线进行教学。这节课的亮点是通过情景重现让学生深刻认识到没有植被保护的地区容易水土流失，产生泥石流，有植被保护的地区不容易产生水土流失。教学效果显著，学生兴趣高昂。

任黎娜老师在室外沙池进行教学

男生组

女生组

学生分为男生组和女生组，亲自动手来堆积地形。

演示水土流失、冲积扇的形成

课后每位授课教师都对自己的讲课内容进行了分析。工作室的所有成员和学员分别发言，对教学设计、教学形式、课堂效率等问题进行讨论、点评，最后的评课活动，非常热烈。

同课异构活动对学员的课堂教学能力的提升有很大的帮助。大家一致认为，这种新型的教学研究活动有助于进一步建构高效课堂，推进新一轮课程改革。

2016年5月31日

广东省任黎娜地理名师工作室简报

（第3期）

在六一佳节之际，工作室第一期骨干教师培训迎来了紧张而充实的第三天。今天的活动以学员为主体，通过对茂名市行知中学初一学生讲授地理课，对学员进行教学上的训练，以及通过课后的评课讨论，促进互动和思维深化。

本期主要简介：学员的常态课；评课活动；初一学生地理课外活动（制作地理简报）。

一、常态课

今天一共5节常态课，分别由5位学员担当授课教师。上午3节分别是：朱博明老师的《中东》、吴金昆老师的《澳大利亚》、梁文奕老师的《日本》。

学生认真听讲、做笔记

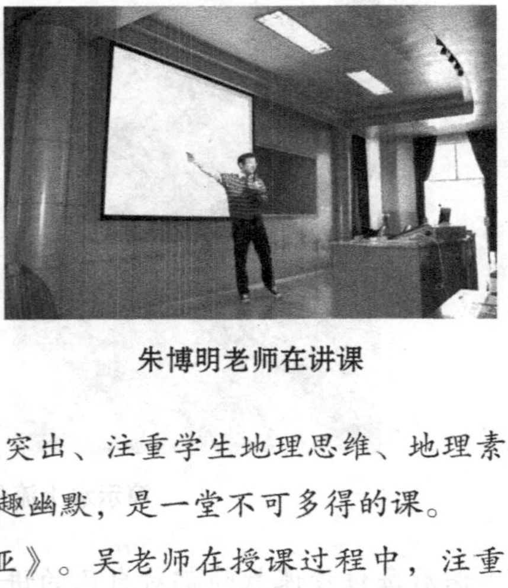

朱博明老师在讲课

朱博明老师的课基本功扎实、重难点突出、注重学生地理思维、地理素养的养成、注重细节、注重师生互动而且风趣幽默，是一堂不可多得的课。

第二节课是吴金昆老师的《澳大利亚》。吴老师在授课过程中，注重从宏观上培养学生掌握地理知识的能力，教态和蔼、亲切，注重板书和课件相统一，方便学生进行笔记，师生互动突出。

吴金昆老师在讲课

上午的最后一节是梁文奕老师的《日本》。梁老师的课堂讲练结合，内容细致，教会学生对比，注重逻辑思维，是一节很愉悦的课。

梁老师的课堂

上午结束了学员的常态课之后，进入了第一次的评课活动。评课中工作室成员以及学员踊跃发言，提出了很多宝贵的意见和建议，对这几位学员的课程，总体评价是肯定的，认为他们的课堂条理清晰、互动性强，师生配合默契，内容细腻，层层深入。而在细节方面，如对于教材的处理要更加的透彻，在地理学科教学科学性等方面仍需要继续努力。

评课活动进行中

下午仍然在是学员的常态课，有两节，分别是任淑花老师的《巴西》和罗梅老师的《发展差异与国际合作》。两位教师的课堂都充满了欢声笑语，从学生全神贯注的神态表情可以看出，这两节课都是十分出色的。

罗梅老师在讲课

任淑花老师在讲课

上完课之后，循例进行评课活动。活动仍然十分热烈，肯定与质疑的声音纷至沓来，将今天的教学推向了高潮，也迎来了今天最后一个活动——学生的地理实践活动。

工作室成员、学员轮流发言

二、地理课外活动

此次地理课外活动，参与者是茂名市行知中学初一学生，通过“制作地理简报”的形式进行，重点让学生将课堂学到的知识通过动手，与生活结合起来，学会把知识学“活”，既学懂又学会运用。在活动中，成员走下讲台，指导学生进行简报制作。

教师在指导

学生的作品

今天的培训活动紧凑而充实，学员们最大的体会就是劳累之余内心深处涌现出一股巨大的能量，这是在与学生交流过程中、在课堂教学过程中、在成员、学员互评过程中得到了锻炼，促进了成长从而得到的力量。这股力量将推动工作室的事业蒸蒸日上，到达高峰。

2016年6月1日

广东省任黎娜地理名师工作室简报

（第7期）

阵阵雷雨在扫去了夏日的酷暑之余，也将培训带到了第二周，也是培训的最后一周了。这周的第一天，学员们继续紧张而充实地进行着与地理教学教研相关的培训活动，而且从今天开始，活动主体都是以参加培训的学员为主。

本期主要简介：学员分组说课、评课；学员精品课。

一、集体备课

今天上午，学员们进行集体备课活动，主要以说课、评课的方式进行，采取了分组的方法，更好地让学员进行对比，在比较中发掘优缺点，进行改进。

集体备课活动

二、精品课

今天下午，在茂名市行知中学大会议室进行了学员的精品课活动，共有3节。首先是任淑花老师的《澳大利亚》；其次是朱炽球老师的《美国》；最后是蒋宁华老师的《西亚》。

任淑花老师的《澳大利亚》

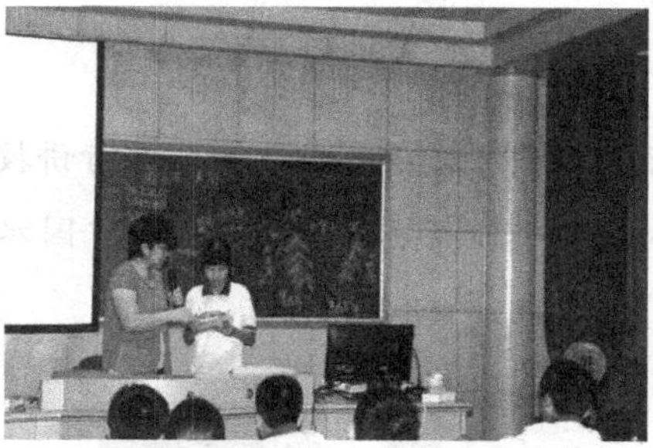

朱炽球老师的《美国》

蒋宁华老师的《西亚》

在结束了精品课的讲授之后，工作室成员和学员进行了课后的讨论交流活动，对刚才的课程进行评课。他们在交流之中得出了很多宝贵的经验，也提出了若干的意见与建议。学员们经过一天的锻炼，对于地理课堂教学有了更深的体会以及更多的反思。讨论交流活动促进了学员的成长，也促进了工作室成员的进步，更推动工作室的事业大步向前迈进。

2016年6月6日

附录2

广东省任黎娜地理名师工作室简报

（第8期）

在雷雨仍然肆虐的天气下，工作室的活动丝毫没有受到影响。虽然为期两周的培训即将结束，但学员们仍未放松，因为这恰恰是检验学员跟岗实习效果的关键时刻，因此，今天的活动也是以学员的教学为主。

本期主要简介：学员精品课；评课。

一、课例展示

今天可以说是学员的专场，一共有5节精品课，分别由5位学员进行讲授。上午的3节分别是：罗梅老师的《地球和地球仪》、张艳老师的《中国水资源》、黄海英老师的《俄罗斯》。

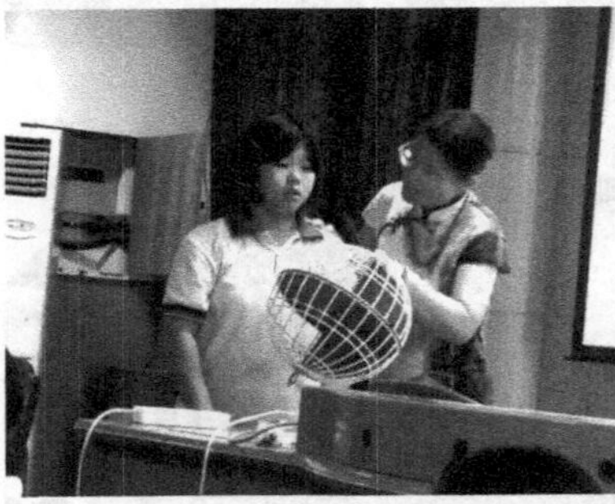

罗梅老师的《地球和地球仪》

张艳老师的《中国水资源》

黄海英老师的《俄罗斯》

下午有两节：林伟强老师的《香港和澳门》、梁文奕老师的《农业》。

林伟强老师的《香港和澳门》

梁文奕老师的《农业》

在紧凑的课程结束之后，学员们没有松懈，立刻与工作室成员进行了课后的谈论交流活动。以评课的方式，学员与成员就今天的5节课进行了广泛的讨论，交流了彼此的意见与建议，此外，还对中学地理的教学教研活动，进行了有积极意义的讨论交流。通过这种形式，将课堂单个人的经验升华为整个工作室的经验，必将推动个人以及团队的进步。

对教学教研活动进行讨论交流

2016年6月7日

附录3

广东省任黎娜地理名师工作室简报

（第9期）

在培训已接近尾声的时刻，学员们丝毫没有松懈的表现，今天仍然奋斗在教学的第一线。在经过紧张而高效的备课之后，今天我们得以看到学员们精彩的精品课。这将我们的培训推向了高潮，学员们越来越散发出自身的光亮。

本期主要简介：学员精品课；评课。

一、课例展示

今天的精品课数量上虽然比昨天的5节有所减少，但是质量上丝毫不比昨天逊色，分别由3名学员进行讲授。他们讲出了各自的风格，呈现出了不一样的课堂氛围。这三节课分别是：廖静老师的《巴西》、吴金昆老师的《俄罗斯》、朱博明老师的《等高线地形图》。

廖静老师的《巴西》

吴金昆老师的《俄罗斯》

朱博明老师的《等高线地形图》

二、讨论交流

课后的讲评课是对课堂的补充以及深化，是可以将课堂效果高效地加以改进以及推广的有效办法。因此，今天在紧张地进行完学员的精品课程后，工作室举行了评课活动。在此过程中，不仅仅是参与授课的学员发表了自己的教学理念，其他学员也踊跃发言，提出了自己的一些观点，对于课程的教学发表了自己的看法。而工作室成员也有自己的一些体会：在评课中，成员、学员没有绝对的界限，大家畅所欲言，为工作室的发展，为中学地理的教学探究贡献自己的力量。这是最为宝贵的一点。

评课的讨论交流活动

2016年6月8日

第五篇

名师工作室品牌建立

工作室logo的含义的由来

工作室logo的含义：探究、发展、培育。

字母R的两层含义：①主持人任黎娜的姓氏的首字母；②英语read（阅读）、regard（关心、注意、尊敬）、research（探究、研究、调查）的简写。

世界地图的含义：地理学科、世界观、发展的理念。

绿芽代表培育、新生、蓬勃发展。

蓝色代表宽广的海洋，比海洋更为宽广的天空，比天空更为宽广的工作室的前景。

工作室logo

提升培训成果，做好品牌推广

——立足地方、由近到远、逐层辐射

一、校内影响

1. 地理社团

工作室组织成立了学校地理社团，承担了社团的建设、管理、教学活动等大部分工作，以社团活动为研究主线，申报了广东省“十三五”规划课题“初中学生地理核心素养培养的途径——校园地理社团活动研究”。

地理社团活动

2. 对学校校本研修工作的推进

引领学校教学改革和教学文化。面对行知中学老教师多、现代新教学理念和信息技术难以灌输、新的教学改革难以落实、教学思想老化、教师职业倦怠突出等情况，工作室利用其自身的优质资源和先进的教学理念，从2016年起开展了大范围、有深度的教学改革和教学文化改革活动。

首先，在2016—2017学年度学校微课培训中，工作室共做了校级培训5场，科组内培训5场，协助学校开展了3次微课应用优质课例比赛。由于工作室的积极参与，学校的微课培训既高效又落到了实处，实现了微课作品上交率90%以上，培养了一大批微课制作与应用水平较高的中青年教师。在茂名市优质课例评比和微课比赛中，学校青年教师有15个课件、7个微课应用优秀课例、21个微课作品选送广东省计算机教育软件评审活动并获奖，茂名市行知中学也因此获得“茂名市信息技术提升工程示范校”称号。

其次，循序渐进地推进教师集体备课与教案改革，引领学校教学文化。工作室主持人任黎娜老师在行知中学试行了教师集体备课和教师教学教案改革，采用“思维导图加标签”的教案形式，帮助青年教师梳理教材的知识脉络，把握重难点，建立良好的教学逻辑思维，改变了以往教师上网下载、打印教案应付检查的情况。改革先在语文、地理科组试点，以工作室主持人任黎娜老师为首，教研组成员辅助开展了一系列思维导图、集体备课、常规教学的讲座和专题报告，并开展教案展览活动；取得教师认可后，大范围推行集体备课与教案改革，获得成功。学校在教学文化上有了改变，老师备课、板书、作业都开始使用思维导图，学生利用思维导图辅助学习，取得了良好的教学效果。

教学教案改革

3. 推动了不同学科青年教师的培养工作

工作室在行知中学尝试的多种改革和对教师在微课、科组建设、常规教学、思维导图等方面的培训，促成了一批青年教师的成长。论文、优秀课例、课题研究、学生比赛、教师活动等方面均有进步。教师参加省、市活动的积极性大幅度提高，涌现了几位青年名师。

青年教师

二、地区影响

1. 协助茂名市教研室做初中地理教师培训工作

工作室主持人任黎娜老师多次受邀为茂名市地理骨干教师、茂名市新教师、茂名市高州市校长等培训，开设专业讲座、微课培训和校本研修讲座，并多次受邀担任茂名市青年教师专业技能比赛评委。工作室成员黄文敏老师也作为微课培训专家受邀协助茂名市骨干教师信息技术培训工作。工作室也坚持一年一度送课下乡，为茂名地区乡村教育尽力。

工作室协助茂名市教研室做初中地理教师培训工作

2. 工作室成员在茂名市校际联动教研活动中担当主力军

工作室主持人任黎娜老师和成员殷小强、吴金梅、徐海远老师都被茂名市教育局教研室聘为校际联动教研组组长，成为校际联动教研活动的主力军。在茂名市校际联动教研活动中，工作室成员殷小强、吴金梅、赵慧、张芳、李美莲老师都为茂名市初中地理教师上了示范课，并获得一致好评，为茂名市初中地理教师培训起了表率和示范作用。

工作室成员在校际联动教研活动中担当主力军

3. 成为茂名市青年初中地理教师的培养基地

首先，成员专业能力提升，成为学校地理学科骨干教师。工作室在运作期间硕果累累：2015—2017年，工作室成功申报课题6个，其中省级课题3个，市级课题1个，市直级课题2个；工作室成员的论文、教学设计、各类专业比赛也喜获丰收，共有70个作品获奖，其中国家级奖项4个，省级奖项25个，市级奖项22个，市直级奖项20个；黄文敏老师和赵慧老师在广东省2016年青年教师技能大赛中分别获广东省微课比赛一等奖和广东省现场课比赛一等奖，获得茂名市教育局的表扬。同时黄文敏老师也获得2017年“茂名市直优秀教师”称号，任黎娜老师也被评为“茂名市名教师”。

其次，成员带动所在学校科组教师的专业成长。经过几年的成长，工作室成员基本都成了学校地理学科的带头人，负责学校地理科组教师的培养和教育教学工作，带领学校地理科组教师共同进步。

工作室获得的奖励

三、粤西地区及广东省的辐射影响

工作室通过开设讲座、互动交流、建立学员群等方式，形成了专业交流群，共同探究地理教育教学中存在的问题。工作室成员、茂名市龙岭学校的吴金梅老师应邀在“2017年广东省初中地理高效课堂教学评价研讨会”上进行优质课展示。《乡土地理——广东城市与人口》一课受到地理教育界同行的一致好评。工作室主持人任黎娜老师也多次受邀为广东省骨干教师开设专业讲座、担任广东省地理奥赛野外决赛、广东省地理微课大赛的评委等工作，并在广东省中小学名师工作室培训中做了工作室建设的经验分享报告，获得华师基教中心的认可。

四、全国的影响

工作室主持人任黎娜老师2017年3月受中国教师研修网邀请，为全国名师工作室主持人做了“名师工作室计划的制订”的视频答疑课程；在全国中小学名师工作室创新与发展联盟首届年会上，为全体名师工作室主持人做了《初中地理核心素养教育背景下教师培养机制探究》的专题讲座，并获得优质课堂成果创新奖。通过这些活动，任黎娜老师把她对工作室的管理经验和对教师的培养经验加以分享，为全国教师培养添砖加瓦。

工作室建设方案

广东省任黎娜教师工作室建设方案

广东省任黎娜教师工作室以课堂教研为主线，以协同教研为抓手，以课题研究为载体，以团队学习、同伴互助、独立实践为表征，以学术交流、教艺切磋、互动提高为基本宗旨，以实现教师专业发展为目标，以广东省信息技术中心网络平台为依托，在广东省教育厅的领导下，使工作室成为“研究的平台、成长的阶梯、辐射的中心、师生的益友”。

主持人简介

任黎娜，中学地理高级教师，特级教师，广东省教师工作室主持人，广东省优秀地理教师，省级地理学校教材培训专家，茂名市名教师，茂名市地理学科带头人，行知中学教研室主任，长期从事一线地理教学工作，热爱地理教学教研工作。从教20余年，主持省市课题研究5项，获广东省教育创新成果奖两项，先后撰写论文30多篇，多篇论文获省市一等奖，并在核心刊物发表，已在广东省举办有影响力的讲座30余场次。

团队建设
工作室的教研员：
周靖老师
茂名市教研室地理教研员
工作室的指导专家：
施美彬老师
广东省教研院地理教研员，华南师范大学、广州大学硕士导师
工作室的技术专家：
李明辉老师
擅长信息技术的青年名师、茂名市行知中学教务处副主任
工作室学员兼常务助手：
黄越老师
（茂名市行知中学）
工作室技术助手：
柯思而老师
（茂名市行知中学）

此外工作室还有10位学员分别来自茂名市行知中学（黄越、黄文敏）、茂名市祥和中学（李美莲、陈德炯）、茂名市博雅中学（殷小强）、茂名市春晓中学（赵慧、何燕娜）、茂名市龙岭学校（吴金梅、张芳）、茂名市新世纪学校（徐海远）。他们都是我市初中地理学领域的佼佼者。

logo的含义：探究、发展、培育

字母R的两层含义：1. 主持人任黎娜的姓氏的首字母。2. 英语read（阅读）、regard（关心、注意、尊敬）、research（探究、研究、调查）的简写。

世界地图的含义：地理学科、世界观、发展的理念

绿芽代表培育、新生、蓬勃发展

蓝色代表宽广的海洋，比海洋更为宽广的天空，比天空更为宽广的工作室的前景

一、理念先导

学研共过　拼搏筑辉

读书，一种教师生活的行走方式。读书使教育教学思想不断得到洗礼，教育教学理论知识结构不断得到重塑，教育技艺得以升华。

倾听，一种教师生活的学习品质。耐心倾听，表达一份尊重；认真倾听，感受一份认同；含笑倾听，赢得一份信任；安静倾听，分享一份喜悦。

探究，一种师生互动的研究平台。地理是一片问题的海洋，充满着智慧和神奇的诱惑，高瞻远瞩，师生互动，做一位探究的引路人。

在相互呵护中催发对事业的追求与教育的智慧，不断地认识自我、完善自我、超越自我，做一名践行师德的教育者、课改的推进者、教研的探索者、教学的引领者、人文精神的撒播者。

二、培训奠基

培训的策略与内容

困惑驱动，问题打造：以探究的方式捕捉新课程教学问题，问题变话题，问题做课题，革新教学行为，占领教学新阵地。

专家引领，拾级而上：借专家的视野择高而立、平地而坐、宽处而行，在与专家的零距离接触切磋中，启迪教育教学智慧，更新教育教学理念。

示范观摩，博采众长：加强与同行的交流与切磋，以他人之长，补自己之短。

实践磨砺，协同共进：搭建展示才智的平台，在修炼中互补、互哺，共生、共长。

三、核心工作

四、特色点缀

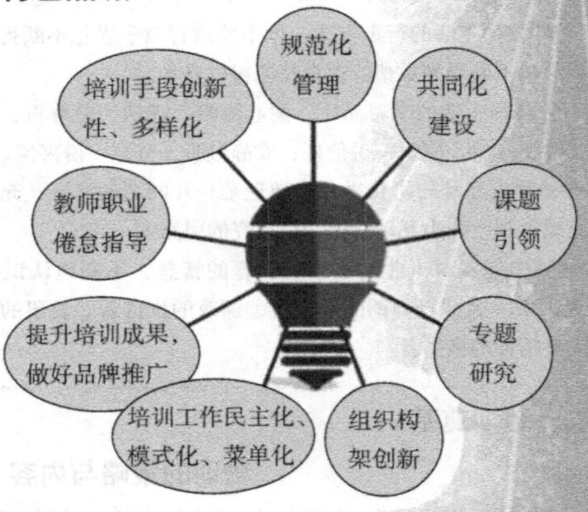

五、展望未来：信息化提升工程“微课制作”

立足教育信息化时代大潮，抓住信息化促使工作热火朝天开展的时机，借助现代软件技术及广东省信息技术中心的网络平台，培养更多富有教育情怀和追求专业发展的地理教师。开发地理专题系列微课程，出版专著、软件等作品，将工作室成果具体化，增强工作室的品牌辐射面，成为广东省初中地理教师的专业培训基地，并争取成为一块广东省级初中地理教师培训的金字招牌。

六、品牌推广

微信公众号

（关键字搜索：广东省任黎娜教师工作室）

网上工作室

操作步骤：

1. 登录网站http://zy.gdedu.gov.cn/（广东省教育资源公共服务平台）。

2. 找到“名师工作室”栏目，点击右侧“更多”。

3. 在“工作室名称”处输入“任黎娜名师工作室”，搜索。

4. 点击“任黎娜名师工作室”，进入网上工作室，即可浏鉴。

工作室活动促品牌发展

任黎娜教师工作室揭牌仪式

今天是本期培训的第五天，学员们即将迎来培训期内的第一个周末，但是工作室全体人员并没有因此而感到放松，因为今天的活动相当丰富而且重要，无论是对于工作室的建设或是对于成员、学员的成长，都是重要的一天。

本期主要简介：揭牌仪式；《地理野外实践教学》讲座；学员开题报告。

揭牌仪式

今天上午9：30，在茂名市行知中学的原小会议室举行了广东省任黎娜教师工作室揭牌仪式，由市局领导、有关专家、行知中学曾文佳校长以及工作室主持人进行揭牌。从校领导到专家以及市教育局都对工作室的工作高度重视。

揭牌仪式

会议首先由主持人茂名市教师继续教育中心黄日周主任进行来宾介绍，并对百忙之中抽空前来的各位嘉宾表示了热烈的欢迎以及诚挚的感谢；李挺副局长、省专家周顺彬以及茂名市教育局教研室黄文毓主任为工作室的专家以及成员颁发聘书。

颁发聘书

之后由行知中学曾文佳校长致欢迎词。曾文佳校长在发言中介绍了行知中学的历史，肯定了工作室的地位和作用，表达了他对工作室前景的希望与祝福，最后曾校长明确表态将尽最大努力支持工作室开展各项活动。

曾文佳校长致辞

工作室主持人任黎娜老师用一篇富有文学色彩的犹如抒情诗一般的发言，表达了将在日后“一起携手，共同前行”的美好愿望。

任黎娜老师发言

在回顾了工作室的工作之后，周顺彬教授重点谈了工作室的相关情况，最后还作了一首藏头诗，为工作室正式揭牌贺喜。

最后李挺副局长谈了4点想法——工作要明确定位，要发挥合作精神，注重学习，提供保障。

周顺彬专家进行指导性讲话

李挺副局长发言

此次揭牌仪式在李挺副局长大笔挥毫写下了“不教之教”4个笔挺大字之后，完满拉下了帷幕。但是这只是工作室两年征途的开端，这个圆满的开端，预示着明天美好的未来。

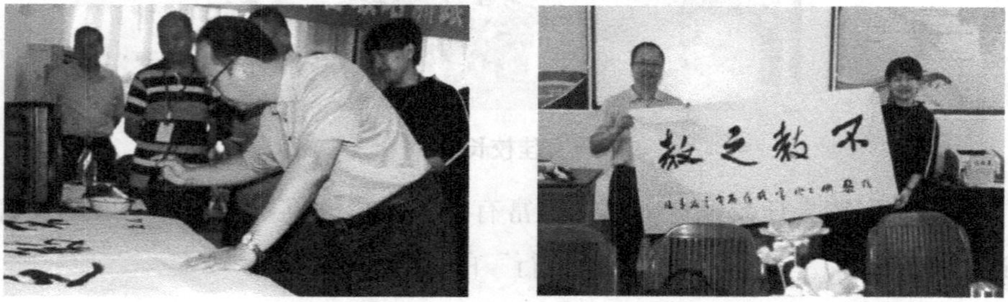

李挺副局长挥写“不教之教”

专题讲座

揭牌仪式结束之后，周顺彬教授为工作室的学员们做了《地理野外实践教学》的专题讲座。他主要谈及以下一些问题：地理教师如何有效组织野外考察实践活动，野外调查实践和操作能力的培养等，强调以学生为主体去开展教学活动，并为学员带来了新颖的教学模式。

周顺彬教授的专题讲座

开题报告

第一个环节：2016年6月3日下午，在广东省任黎娜教师工作室召开学员开题报告。

学员开题报告

第二个环节：工作室主持人任黎娜老师、赵湘军专家、周顺彬教授对学员的开题报告进行点评，并指导每位学员如何修改、如何完善个人开题报告。

主持人任黎娜老师点评

赵湘军专家点评

周顺彬教授点评

经过这次活动，学员的科研能力得到了提高，对课题的开展奠定了良好的基础。

2016年6月3日

第六届广东省中学生地理奥林匹克竞赛决赛

2016年7月9日，茂名市行知中学任黎娜、黄文敏两位地理老师带领初二年级叶颖堃、谭铃津、吴梓枫、黄明朗等4名学生赶赴肇庆市参加第六届广东省中学生地理奥林匹克竞赛决赛。这是我校首次参加此类比赛，是继任黎娜老师筹建广东省地理名师工作室以来，我校地理教育的又一突破。7月10日比赛开始，期间两位地理老师带领着4名学生，与省内50余支劲敌通过3个比赛环节进行比拼，分别是野外考察、撰写野外考察报告、小组汇报和答辩。

比赛当天早上，队伍奔赴肇庆市砚州岛，在任老师、黄老师两位导师的带领下，学生要在短短半天的时间里完成判别方向、观察农作物、画平面图、设计砚州岛旅游线路等四大任务。任务重、时间紧，但天公却不作美。当天乌云密布，中途更是暴雨倾盆。天气的恶劣给赛事带来了严重的阻碍，加上此前旅程的颠簸疲倦，完成任务可以说是难上加难。但是我校参赛队伍迎难而上，充分利用自身知识与现场资源，在不熟悉的环境中最大限度地发挥了主观能动性，最终交出一份出色的答卷。

学生在砚州岛参加中学生地理奥林匹克竞赛决赛

下午主要是室内任务。参赛队伍回到高要第二中学，小组成员在短短一个小时内合作完成PPT的制作、旅游线路文字说明，然后在答辩中发挥出色。

学生参赛并获得奖项

最后，一张得来不易的二等奖奖状，为这次不一般的比赛画上了句号，与此同时打开了参赛学生探求地理无穷无尽、生动多彩的知识大门，也将我校地理教育工作推上了一个新的台阶。

2016年7月12日

第二届广东省中学地理教师技能展示选拔赛

10月21日上午9：00，第二届广东省中学地理教师技能展示茂名市选拔赛在高州四中举行，比赛项目包括版图、课堂展示和微课制作等，来自高州市东岸中学、电白市春华中学等学校的选手都参加了此次比赛。工作室黄文敏老师荣获微课制作第一名，赵慧老师荣获课堂展示第一名，她们将代表茂名市参加广东省中学地理教师技能展示交流活动。

第二届广东省中学地理教师技能展示茂名市选拔赛

2016年10月31日

第二届广东省中学地理教师技能展示交流活动

11月9日早上，来自全省21个地级市的教学精英汇聚到汕头市聿怀中学一同参加第二届广东省中学地理教师技能展示交流活动。此次交流活动是广东省地理学界的第一次盛会，茂名市教育局对这次活动也十分重视。茂名市教育局地理教研员周靖老师为总领队，茂名市春晓中学的陈肖伟老师为副领队。任黎娜教师工作室也有两位成员也参加了活动，她们分别是来自茂名市行知中学的黄文敏老师以及来自茂名市春晓中学的赵慧老师。

本次活动分为3个项目，分别是版图、15分钟课堂展示和微课制作。这3个项目的设置很好地检测了一位地理教师对于课本内外知识的掌握程度，以及对于现代教育教学技术的灵活运用。这次比赛可以说是一次综合程度很高的竞赛。

第二届广东省中学地理教师技能展示交流活动

经过一轮又一轮的比拼，在强强对抗之中，工作室两位成员艰难但名副其实地斩获了属于自己的荣誉。其中黄文敏老师的《世界人口分布特点》在教学技能展示交流活动中获得初中组优秀作品一等奖；赵慧老师的《地势西高东低对我国的影响》在教学技能展示交流活动中获得初中组优秀课例一等奖。

黄文敏老师获奖

赵慧老师获奖

此次活动，高手如云，工作室收获最大的不仅仅是两张充满参赛教师汗水的奖状，更大的意义在于开阔了视野，丰富了知识，为工作室进一步做大做强，又注入了一针强心剂。

2016年11月12日

市直初中地理校际联动教研活动

11月17日下午2：30，在茂名市知行中学举办了由市教育局主办、广东省任黎娜教师工作室承办的茂名市直属学校初中地理校际联动教研活动。此次活动是在全市大力推动各学科联动教学的大背景下开展的针对地理学科的一次活动，并借助广东省任黎娜教师工作室的力量，进一步深化、扩展。

茂名市直属学校初中地理校际联动教研活动

本次教研活动分为以下几个环节。第一个环节首先是市直属各学校地理教师参观任黎娜教师工作室，紧接着由分管教学的谭慧娟副校长致欢迎辞，对在百忙之中抽空前来参加此次盛会的各校骨干精英教师致以衷心的感谢，并由工作室主持人任黎娜老师简单介绍工作室情况。

第二个环节是由刚刚在第二届广东省中学地理教师技能展示交流活动中获得初中组优秀课例一等奖的工作室成员、茂名市春晓中学的赵慧老师主讲《地势西高东低对我国的影响》一课。这节课最大的亮点在于：教学结构完整、设计吸引学生、语言亲切、感染力强等。课程结束之后，由第二届广东省中学地理教师技能展示交流活动中获得初中组优秀作品一等奖的工作室成员、茂名市行知中学的黄文敏老师展示微课作品《时区与区时》，并在展示结束之后分享了自己的一些心得体会。

赵慧老师主讲《地势西高东低对我国的影响》

第三个环节是到场教师分组谈论、选派代表上台评议公开课。在这个环节中来自不同学校的多位教师纷纷提出自己的见解，深邃、创新、发人深省的诸多意见不断地碰撞，又在碰撞中不断萌发新的思想。讨论的最后，由工作室主持人任黎娜老师进行总结性发言。她强调：优点要继续发扬，但关键是要了解不足。

最后一个环节是由茂名市教育局地理教研员周靖老师为活动做总结。周老师在肯定了工作室取得的成绩的同时，用4个关键词简洁而充分地总结了此次活动：第一个词是联动，联是形式，动是目的；第二个词是丰富；第三个词是新颖；第四个词是热情。

联动教研是茂名市教育界的一次大胆尝试。工作室有幸承办地理学科联动教研活动，是一大荣誉，但更为重要的是能够借此机会，推动工作室的建设更上一层楼。

2016年11月17日

2016年度送教下乡

12月8日，广东省任黎娜教师工作室成员在主持人任黎娜老师的带领下来到位于茂名市电白区的春华实验学校，举行2016年度的送教下乡活动。此次活动既是工作的任务之一，同时也是一次地理教育教学交流、切磋的好机会。

上午8：30，成员们到达春华学校后，在会议室进行了一次短会。会上该校地理科组组长徐泽和老师对工作室全体成员的到来表示了热烈的欢迎与衷心的感谢，接着任黎娜老师简单重申了活动流程。

电白区第一中学春华实验学校

此次送教下乡活动的主题是两位来自不同学校的地理教师围绕“工业”这一内容进行同课异构。首先是来自东道主春华实验学校、工作室曾经的学员的梁文奕老师授课。他的核心是“以学定教，问题导向”，突出的亮点是学生当堂自主提出疑问，然后通过讨论、探究，由学生自己解答刚才的问题。这是一堂完完全全体现学生主体地位的课。

梁文奕老师的课堂

而紧接着进行授课的是来自博雅中学的殷小强老师。他也同样遵循梁老师的讲课核心，但是殷老师的课堂明显地展现出了自己的特点：一是紧贴学生生活，引入课堂知识的讲授；二是将大问题切块，然后分小组一块块“啃”下来。这是一堂充满了活力与趣味的课。

课后，成员们进行了评课活动。首先是两位教师对自己授课思路的讲解，然后由徐科组长进行点评。他指出一个关键问题，就是在这种“以学定教，问题导向”的模式中对于学生的“收和放”应该如何拿捏。接着两位教师以及徐老师的话，工作室成员畅所欲言，纷纷将自己的想法以及一些疑惑提了出来并当场进行热烈而有实效地讨论，使得今天从课堂得来的经验进一步升华、深化。

评课活动

最后是工作室主持人任黎娜老师进行总结性发言。她在肯定两位教师的努力的前提下，提出了一些具有个性和共性的问题，也谈及了在课件准备、当堂授课过程中会出现的一些问题。

任黎娜老师进行总结性发言

此次送教下乡活动最大的亮点在于不是接受者单方面受教育，而是双方知识、智慧的碰撞。各地有不同的客观现实，单方面的传授往往是两者不能相容，但是通过这种互相学习的方式进行送教下乡，就能很好地避免这种问题。这可以说是工作室在地理教育教学研究中的一种尝试与创新。虽说是“送”，但无疑，工作室也“收获”不少。

2016年12月9日

微课制作培训

正值西方圣诞节之际，在茂名市教师继续教育中心，一群来自不同学校的骨干教师正用与众不同的形式来度过这一西方节日，那就是参加来自深圳的微课领域的著名专家雷斌老师主讲的微课制作培训。此次培训是由中国教师研修网承办，茂名市继续教育活动中心主办的一次专业技术培训活动，属于教师信息技术提升工程系列活动之一。而我们作为培训班第十小组也有幸参加了这次盛宴。

微课开发与应用课程

今天培训的主题是“利用手机小影软件制作微课”，内容主要涉及两大方面：一是微课课程内容设计，二是微课制作技术。

在课程设计上，雷老师注重思维的引导，把教学内容故事化、情境化，将内容进行碎片化处理，挑出其中的难点、重点，通过通俗易懂、生动有趣的教学设计再现出来。

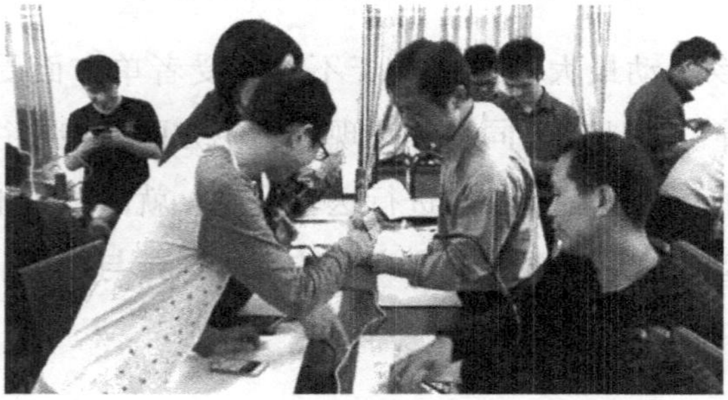

学员讨论交流

而在技术层面的讲授上，雷斌老师用了很多语感口诀技术，把微课制作的关键技术都编制成朗朗上口的口诀，帮助大家记忆，并在培训的整个过程中反复训练，达到了很好的教学效果。比如，拍摄视频时手机的正确拿法“手机横着放，镜头在左边，右手来控制，双臂略加紧”，拍摄技术的“顺光拍、稳定拍、分段拍、慢慢移”等。

在轻松愉快的一天中，尽管培训容量很大，可是在雷斌老师幽默、风趣的语言中，出现在我们心中次数最多的字眼就是“开心”“值”！

行知中学不久前被选为微课应用试点学校，我此次有幸参加培训，正好为今后的工作打下坚实的基础。参加培训的成员回到学校后将会承担起微课制作技术的培训和指导工作，将此次难得的培训的影响引向更宽更广处，让“微课”这一现代信息化教育之花开得更为灿烂。

2016年12月26日

举办微课培训

今天下午，在茂名市行知中学大会议室，由广东省任黎娜教师工作室主持人任黎娜老师主持举办了一次面向工作室全体成员以及行知中学全体教师的主题为“微课制作”的培训。

“微课制作”的培训

培训分为两大环节。第一个环节，任黎娜老师开门见山地点出了本次培训的精神是“注重实效、边学边做”，然后浅谈了什么是微课以及微课的发展。

第二个环节是本次培训的主要环节，由工作室成员黄文敏老师主讲微课的制作技术。这次主要是紧扣电脑软件“喀秋莎”进行培训。黄文敏老师从安装、录制到剪辑由浅入深地进行了详细的讲解。

听课教师们亲自动手实践

此次培训是紧扣行知中学日后的校本课程的开发而进行的一次目的性强、实效明显、影响深远的培训。可以说这次培训丰富了工作室的经验，提升了行知中学教师整体现代化信息教育技术水平，是一次物超所值的培训。

2017年1月5日

小影软件使用培训

今天早上，在茂名市行知中学大会议室，举办了一次微课制作的培训。此次培训是由广东省任黎娜教师工作室协助进行的一次专门针对小影软件使用的培训。此次培训属于茂名市中小学教师信息提升工程的系列活动之一，由工作室主持人任黎娜老师担任主讲人。

任黎娜老师担当主讲人

培训一开始由行知中学教研室副主任钟增炎进行发言。他公布了信息化提升工程的学校方案。在告知全体教师具体的日程表之后，由任黎娜老师正式展开培训。

培训先是通过生动形象的比喻以及生活中常见的事例，对培训的意义进行了深入浅出的讲解，然后是对小影软件的具体使用的讲解。讲解过程为：展示成品—现场教学—学员当场按步骤操作—布置作业。

学员们认真听讲

培训最后，李辉镇校长总结了培训的总体情况，并对下一阶段行知中学的校本课程开发进行了工作上的布置。此次培训到此顺利结束，但是却是掀开了行知中学信息化提升工程的序幕。

2017年1月16日

磨课活动

2017年新学期第一次工作室活动是为吴金梅老师参加省中考研讨会公开课而进行的磨课。吴金梅老师是茂名市龙岭学校的地理教师，工作室成员之一。此次茂名市教研室要求，工作室负责推荐并协助推出一位成员代表茂名市参加3月2—4日广东省初中地理中考备考研讨会——同课异构的活动。因吴金梅老师踏实肯干、成熟稳重的教学风格，出于对此次盛会的尊重，以及提升地理教学水平的考虑，工作室决定推选吴老师代表工作室以及茂名市参加此次活动，并为此于2月23日和27日分两次举行现场上课、评课和磨课活动。

吴金梅老师授课

活动分为两个环节，第一环节，2月23日，首先由吴老师现场主讲《广东地理——人口与城市》；其次由工作室成员进行评课和磨课。每个成员对课件、教学环节、教学设计、教学活动安排等提出意见与建议，吴金梅老师根据建议做进一步的修改完善。

第二个环节，2月27日，进行第二次现场教学，再次点评。

第二次现场教学后点评

经过两次磨课，吴老师表示，还是集体力量大，现在对这节课已经有了很大的把握，对3月2日的示范课充满信心。

青年教师的成长离不开机遇和挑战，更离不开集体的智慧。工作室充分给予年轻教师机会与信任，敢于让年轻教师挑大梁，并利用集体的力量帮助年轻教师备课、磨课，促进了年轻教师的成长。相信吴老师一定会不负众望！

2017年2月27日

教育信息化应用推进会

2月27日下午5：00，在茂名行知中学大会议室，由李辉镇校长主持召开了“信息化应用推进会”。

此次会议分为两项议程。第一个环节是教务处副主任李明辉对《茂名市行知中学教育信息化应用推进工作方案》进行深度解读。该方案紧扣茂名教育发展大势以及该校信息化应用工作的实际，从指导思想、基本原则、工作目标、信息化推进措施、保障措施等五大方面进行了详细而可行的规划。李主任主要按照“茂名市行知中学教育信息化应用推进工作行事历”进行工作布置，尤其是对即将到来的3、4、5月等若干场培训以及教师信息化能力提升、检验的督促、提醒。

李明辉主任发言

会议的第二个环节是李校长发言。他提出了三点建议：一是“云课堂”运用要加强；二是科组、备课组要有相应的举动，包括应用面要广、应用过程要有台账、教研室要有计划地去推进、评选优秀作品等；三是每个人都要动起来，包括算好自己的账、不拖后腿、采取实际行动并记录、推出一些优秀作品、做好展示给其他科组参观研讨的准备。

会议的最后，李校长提出了“提升自己，做个有尊严的教师”的号召，旨在让每一位教师在锻炼自身的同时获得对这份职业的认同感、自豪感。

2017年2月28日

理科微课应用课例比赛

为锻炼青年教师，展示微课应用教学成果，深入推动学校课堂教学改革，全面提高教育教学质量，广东省任黎娜教师工作室协助茂名市行知中学于2017年3月29—30日举办了理科微课应用课例比赛。

学校非常重视这次活动，工作室主持人任黎娜老师制订了活动方案，专门成立了比赛活动领导小组。校长李镇辉任组长，三位副校长谭水金、刘桂、谭慧娟任副组长，下设评委组。评委由各科组的备课组长担任。

茂名市行知中学李辉镇校长发言

参赛选手包括数学、物理、化学、生物、信息、音乐、美术等学科的8位教师。他们呈现了一堂堂精彩的、有行知创新精神的优质课例。通过对优质课的观摩学习，学校教师对微课的应用也有了更深刻的思考。

理科微课应用课例比赛

比赛在两天的授课、评课中落下帷幕。本次比赛，工作室为教师构建了展示交流和专业成长的平台，有效促进了该校教师开展微课教学探索和研究。

2017年4月1日

微课示范活动

4月17日，广东省任黎娜教师工作室在主持人任黎娜老师的带领下，赴茂名市新世纪学校对该校的信息技术提升工程进行指导。此次活动的主题是微课教学，主要通过示范课的形式进行研讨。

对茂名市新世纪学校的信息技术提升工程进行指导

作为活动的首要环节，该校的李明波老师讲授《欧洲西部》一课。李明波老师运用了微课的新技术，收集了大量的资料，加深了学生对知识的理解，教练结合较好地体现了重难点，注重学生德育培养，等等。

第二个环节是由科组教师进行评课，然后由任黎娜老师进行点评。评课围绕刚才上课所运用的微课展开讨论，并对师生之间的课堂关系以及讲练时间的把控进行了探讨。

任黎娜老师点评科组教师评课

第三个环节是进行《微课的制作与运用》的专题讲座并在讲座之后进行了一系列的答疑与交流活动。

此次活动是茂名市信息技术提升工程校本研修系列活动之一，围绕着微课应用这一主题而展开，是顺应教育信息化大潮，及时、有效的一次活动。此次活动充分体现了工作室在配合、辅助茂名市信息现代化进程中所做的努力与付出。

2017年4月18日

同课异构学习活动

4月18日，广东省任黎娜教师工作室成员在主持人任黎娜老师的带领下，来到茂名市龙岭学校，开展同课异构学习活动。

活动分为两个环节进行。第一个环节是3位来自不同学校的教师进行同课异构，主题是“气温曲线与降水柱状图的判读”。

气温曲线与降水柱状图的判读

第二个环节是评课。对于3位教师不同风格的授课方式，每名成员以及龙岭学校地理课组教师都提出了富有建设性的建议与意见，并针对微课这一新兴技术展开了热烈的讨论。

针对微课展开了热烈的讨论

此次活动，“新”字始终围绕着每个环节，无论是授课还是评课，都紧抓这一个字，紧跟教育现代化的时代潮流，为工作室的前进又开辟了一条道路。

2017年4月19日

第三期联动教研活动

4月20日，在茂名市春晓中学，由广东省任黎娜教师工作室成员、茂名市博雅中学的殷小强老师主讲了一节乡土地理复习课。这节课是作为茂名市直属学校初中地理第三期联动教研活动的主要内容而开展的。

茂名市直属学校中学地理第三期联动教研活动

课程一开始，殷老师展示了考纲要求，明确了复习目标。殷老师用富有茂名地方特色的小吃进行导入，引起学生的兴趣，增添了课堂的趣味性。

然后用分析广东发展农业的有利的自然条件、高速发展的工业分布（分析快速发展的原因）、广东的主要运输方式、介绍广东景点等四大活动贯穿整节课的学习，使得课程条理分明、思路清晰。

学员认真学习

这是一节结构严谨、过渡自然，每一个知识点都有充实的内容并且得到落实的具有典型示范意义的课程。这也是工作室在教育教研方面提升自我的又一次成功尝试。相信在一次次小的成功的积淀下，工作室的基石将会越来越牢不可动。

2017年4月20日

微课示范课活动

4月25日，应茂名市教育局关于提升教师信息技术应用能力的要求，茂名市行知中学举行了主题为“信息技术提升工程示范课”的技能培训活动。本次活动由广东省名师工作室主持人、学校教研室副主任任黎娜老师主持，茂名市名师工作室主持人、博雅中学的丁汉玲老师、化州二中的全新老师莅临现场做指导工作。

“信息技术提升工程示范课”的技能培训活动

培训活动首先由茂名市行知中学英语学科的吕艳老师进行“听说课”微课演示。吕老师利用微课视频进行知识易错点的归纳、听力训练以及角色扮演等。通过各种生动有趣的环节让学生练习句型和词汇运用，学生们热情高涨，参与程度极高。

示范课后，丁汉玲老师用“新、趣、活、实”4个字点评了本次演示，同时做了“创设英语高效课堂”的主题讲座，提出了“三个量”（信息量、思维量、训练量）和“三个动”（形动、心动、神动）的教学理念。全新老师也做了题为“思维导图的自述”的专题讲座，从思维导图的各个方面进行解说和培训。

丁汉玲老师的“创设英语高效课堂”主题讲座

通过此次培训活动，教师们进一步掌握了微课的制作方法和微课在教学中的意义和作用。教师们也纷纷表示，将用微课来革新课堂，调动学生的学习积极性，让学生享受到更加丰富多彩的特色教育。

活动结束后，两位教师还到广东省任黎娜教师工作室进行了参观，就工作室的建设和管理做了交流。

2017年4月26日

文科优质课例比赛

近日，广东省任黎娜教师工作室协助行知中学举行了文科优质课例（微课应用）比赛，共有语文、英语、历史、地理、政治学科的7位青年教师参赛。活动中，几位教师熟练运用喀秋莎、flash录制、视频剪辑等多媒体资源，将知识点淋漓尽致地展现出来，重难点突出，令人耳目一新。

文科优质课例比赛

经过评委的认真听课和客观的量化给分，黄丽莉、卢文辉老师获得文科微课比赛一等奖；卢文辉、黄越老师获得文科优质课例比赛一等奖。

学员紧张的比赛

本次竞赛为我校文科教师提供了一个展示自己风采和交流学习的平台，也反映了我校文科课堂教学的整体情况，进一步推动了文科教学水平的提高。竞赛期间，每堂课听课观摩的教师都超过了20人，很好地发挥了优质课比赛推进学科大教研的作用。

2017年5月22日

桃李不言，下自成蹊

自上学期至今，广东省任黎娜教师工作室在任黎娜老师的主持下，大力开展了各项工作。其中，扎根工作室所在地行知中学的工作尤显突出，工作室协助学校做好了信息技术提升工程、校本研修以及微课制作应用培训等方面的工作。而历时半年有余，在工作室的大力参与、协助下，在行知中学全体教师的虚心学习、钻研、自我提升下，信息技术水平有了很大提高。但是实践是检验真理的唯一标准，所以，水平的提高还要靠事实来讲话。因此，2017年广东省计算机教育软件评审（茂名市级评审）捷报的传达正如春季好雨，润物无声，却掷地有声地宣告了工作室的付出是有价值、有实效的。

微课制作与应用

此次评审结果：微课获一等奖3人次，二等奖8人次，三等奖5人次；课例获一等奖1人次，二等奖3人次，三等奖2人次；课件获一等奖5人次，二等奖3等次，三等奖5人次。

2017年广东省计算机软件评审（茂名市级评审）行知中学微课获奖统计表

单位	作品类别	作品名称	作者姓名	奖级
茂名市行知中学	中学英语	以“o”结尾的可数名词变复数	吕艳	一等奖
茂名市行知中学	中学物理	汽油机的工作过程	李邦	一等奖
茂名市行知中学	中学英语	常见英语方位介词的区别和使用	林燕玲	一等奖
茂名市行知中学	中学数学	复习一次函数图像与性质	黄玉婵	二等奖
茂名市行知中学	中学英语	How to write a narrative	林燕玲	二等奖
茂名市行知中学	中学英语	Greeting	钟增炎	二等奖
茂名市行知中学	中学英语	巧记“穿”不同用法	吕艳	二等奖
茂名市行知中学	中学地理	气温曲线和降水柱状图的判读	黄越	二等奖
茂名市行知中学	中学地理	秦岭淮河地理意义	黄文敏	二等奖
茂名市行知中学	中学生物	消化系统	张清青	二等奖
茂名市行知中学	中学美术	花卉纹样设计	何俏芳	二等奖
茂名市行知中学	中学英语	New words and expressions-外研版八年级下Module 7 Summer in Los Angeles Unit 1 Please write to me and send me some photos!	钟增炎	三等奖
茂名市行知中学	中学地理	风向与风力	黄文敏	三等奖
茂名市行知中学	中学地理	经纬线	黄文敏	三等奖
茂名市行知中学	中学地理	时区和区时	黄文敏	三等奖
茂名市行知中学	中学语文	作文教学：“细节描写”让人物鲜活起来	黄丽莉	三等奖

2017年广东省计算机软件评审（茂名市级评审）行知中学课件获奖统计表

单位	作品类别	作品名称	作者姓名	奖级
茂名市行知中学	中学英语	Module 6 A trip to the zoo Unit 2 The tiger lives in Asia.	赵琼珍	一等奖
茂名市行知中学	中学英语	Module 5 Cartoon stories Unit 1 It's time to watch a cartoon.	吕艳	一等奖
茂名市行知中学	中学英语	外研版七年级下 Module 11 Body language Unit 1 They touch noses!	钟增炎	一等奖
茂名市行知中学	中学地理	交通运输业的特点和选择	黄文敏	一等奖
茂名市行知中学	中学物理	热机、热值、比热容	李邦	一等奖
茂名市行知中学	中学英语	（课件）外研版八下Module 7 Summer in Los Angeles Unit 1 Please write to me and send me some photos!	钟增炎	二等奖

续 表

单位	作品类别	作品名称	作者姓名	奖级
茂名市行知中学	中学地理	气温曲线和降水柱状图的判读	黄越	二等奖
茂名市行知中学	中学生物	人体的营养	张清青	二等奖
茂名市行知中学	中学语文	一片槐树叶	黎锦兰	三等奖
茂名市行知中学	中学语文	大堰河——我的保姆	黎锦兰	三等奖
茂名市行知中学	中学英语	Module 9 Unit 2 Arnwick was a city with 200,000 people	林燕玲	三等奖
茂名市行知中学	中学信息技术	图像及其简单处理	陈建梅	三等奖
茂名市行知中学	中学数学	七年级上册数学整式的加减之去括号	苏喜	三等奖

2017年广东省计算机软件评审（茂名市级评审）行知中学课例获奖统计表

单位	作品类别	作品名称	作者姓名	奖级
茂名市行知中学	中学地理	气温曲线和降水柱状图的判读	黄越	一等奖
茂名市行知中学	中学地理	天气与气候	黄文敏	二等奖
茂名市行知中学	中学数学	九年级一次函数专题复习（1）	黄玉婵	二等奖
茂名市行知中学	信息技术	图像及其简单处理	陈建梅	二等奖
茂名市行知中学	中学物理	热机、热值、比热容	李邦	三等奖
茂名市行知中学	中学英语	Module 5 Cartoon stories Unit 1 It's time to watch a cartoon.	吕艳	三等奖

此后，工作室将继续推进信息技术提升工程，把工作室做好、做大、做强，为教育事业的发展奉献自己的绵薄之力。

2017年5月28日

张芳介绍课题，陈晓霞主任听评开题报告

课题主持人张芳首先给大家介绍了课题以及课题的成员。

接下来，张芳针对课题，向大家介绍了课题的研究背景、研究价值、研究方法等方面的内容，成员们认真倾听。

主持人张芳介绍课题和课题组的成员

社会发展对学生学习自主性的要求和课标要求学生是学习主体等背景说明了对问题导学法的实践研究的必要性。问题导学法教学可以提高教学成绩，改善学生的学习习惯，大幅度改善学生的思维方法，提高学生的解题能力。张芳也具体介绍了课题需要突破的重点、创新之处和可能遇到的问题，最后说明了本课题的研究方法、理论依据和计划。

陈晓霞主任在听完开题报告后，建议课题组有效地将问题导学法与教育信息化和翻转课堂结合起来，利用微课让学生进行课前学习，给学生充足的时间去发现问题，教师也可以根据学生提出的问题及时调整教学策略。

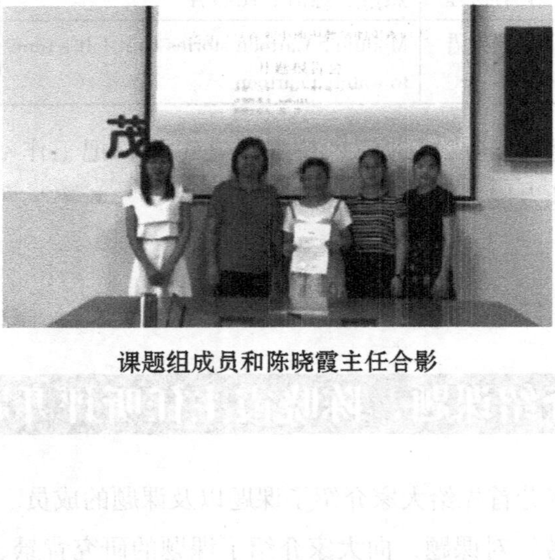

课题组成员和陈晓霞主任合影

2017年6月13日

市教育局领导指导工作

6月13日上午，茂名市委教育工委书记、教育局局长罗欣荣莅临市行知中学调研，以推进广东省教育现代化先进市的创建工作。茂名市教育局党组成员、副局长潘华耀，直属学校管理科科长陈凌锋陪同调研。

罗欣荣莅临市行知中学

罗局长考察了广东省任黎娜教师工作室，听取了工作室主持人任黎娜老师对工作室的介绍。工作室除了积极培养地理骨干教师，还配合教育局和学校开展教育信息化培训、教学研讨活动和组织教师参加各类竞赛活动，积极培养青年教师，并取得了较好成绩。罗局长对工作室的工作及任黎娜老师的工作给予了赞许，认为工作室有良好的发展前景，并为工作室的发展提出了许多可行性的建议。

罗局长察看广东省任黎娜教师工作室

2017年6月14日